正しい
ビジネスメール
の書き方

誰に送っても恥ずかしくないメールが書ける！

西出ひろ子

日本能率協会マネジメントセンター

はじめに

　本書は、なかなか教えてもらえないけど、仕事で不可欠なビジネスメールの書き方、送り方をまとめた一冊です。

　学生時代のメール、プライベートでのメールのほとんどは、携帯電話やスマートフォンから送信するでしょう。「遅れる」「了解！」などのひと言メール、「(^^)」「m(＿)m」などの顔文字、絵文字などが多く飛び交っています。
　親しい友人や家族が相手ならばこれでも良いかもしれませんが、ビジネスの世界では通用しません。

　手紙、FAX、電話など、ビジネスの中でコミュニケーションは欠かせないものですが、今やメールはその中心になりつつあります。
　そんな中で、少し大げさな表現かもしれませんが、一通のビジネスメールが人生を変えることもあります。

　たとえば、入社３年目のAさん。仕事にも慣れてきた頃、取引先に送信したメールの言葉づかいに問題があり、それがクレームとなってしまいました。最後は上司が謝罪文を書き、お詫びに行って、やっと許してもらうことができたといいます。失礼なメールを送ったAさんは左遷され、会社に居づらくなって辞めてしまった…こんなケースも少なくありません。
　これは、まさに人生を変えた例ですが、メールがもたらすのは悪いことだけではありません。書き方次第で人生が好転すること

もあります。

　入社2年目のBさんは、基本のマナーやルールを大切にしながら、どんな人に対しても、常に相手の要望に出来る限り応えようとする誠実で真摯な姿勢が伝わるメールを書いていました。

　どんなに忙しくても、儀礼的になりがちな定型文をそのまま使うのではなく、"相手の立場にたち、心を込めたメールを書く"ことを重視していたのです。

　その結果、Bさんは取引先からの信頼も厚く、それが自社の役員の耳に入り、Bさんは営業推進の役員付となったそうです。その後、多くの取引先を担当することとなり、営業成績もトップ。同期の中で、異例の昇進を成し遂げた…こんなケースもあるのです。

　では、このような結果を出すビジネスメールは、どうすれば書けるのでしょうか？　それは、心構えと書き方のルール・マナーを身に付けることです。

　本書は、単にビジネスメールの書き方のフォーマットを学ぶものではありません。「ビジネスとは何か」「何のためにビジネスメールの書き方を学ぶのか」など、仕事をする上で大切な心構えをわかりやすく解説しています。その上で「件名の書き方」「TO、CC、BCCの使い分け」「読みやすいレイアウト」「添付ファイルのルール」など、メールの書き方を基本から紹介します。

　また、一般的な書き方はもちろんのこと、それに隠し味をひと振りさせた「相手の心に響くオンリーワンのビジネスメール」の

書き方も惜しみなく紹介しています。今すぐ使える文例、フレーズを多数掲載しているので、値引きの相談やクレームへの謝罪、お見舞いなど、「何を書けばいいの？」と迷う場面でも使っていただけるような工夫が満載です。

　それに加えて、「メールの返信がない」「たくさんメールがあって、どれから返信すればいいかわからない」「メールで相手を怒らせてしまった」など、なかなか教えてもらえないトラブルの対処法、必要性が高まっている英語でのメールの基本も学べる、まさにビジネスメール入門の決定版と言えるでしょう。

　本書を読むことで、基本のビジネスメールの書き方をマスターすることはもちろんのこと、相手に誤解されない、心に響く、WIN-WIN の関係を生み出すビジネスメールを書くことができるようになるはずです。

　本書によりあなたの仕事が今よりもっとうまくいき、多くの人からプラスの評価をされますことを切に願っております。

2013 年 1 月
西出ひろ子

※「メール」という表現は本来は「E メール（E-mail)」とするのが正式です。しかし、「メール」という表現が日常的に使われているため、本書もその実情に合わせ「E メール」とすべき箇所を「メール」と表記しています。

仕事の基本　正しいビジネスメールの書き方

はじめに

目次

第1部

失敗しない！ビジネスメールの基本

第1章　ビジネスメール入門

そもそも、ビジネスメールってなんだ？ ——— 14

ビジネスメールに必要なものってなんだ？ ——— 16

メールで「恥をかかない」ために
　—メールマナーを身に付けよう ——— 20

メール文章の基本ってどんなこと？ ——— 24

第2章　絶対に失敗しないビジネスメール12のポイント

Point1　「宛先」「送信者」の表示も気を抜かない ——— 38

Point2　「TO」「CC」「BCC」を使い分ける ——— 32

Point3　「件名」はひと目でわかるもの ——— 34

Point4　「行頭」「改行」への配慮は
　　　　　デキるメールの第一歩！ ——— 36

Point5　どんなに急いでいても本文は挨拶からスタート ——— 38

Point6　メールも見た目が9割!?
　　　　　読んでもらえるレイアウト ——— 40

Point7	間違えると恥ずかしい「敬語」のルール ──── 42
Point8	「お世話様」「〜のほう」 実は間違っている言葉に注意！ ──── 46
Point9	メールの印象は「結び」で決まる ──── 50
Point10	「署名」は漏れなく、見やすく、シンプルに ──── 52
Point11	添付ファイルにもルールとマナーがある ──── 54
Point12	見やすくても、正しい言葉でも こんなメールは絶対NG！ ──── 56

第3章　こんなときはどうする？　メールの困ったQ&A

メールの基本の困った

どのメールから読めばいい？ ──── 60

返信はいつまで？すぐに返信できないときはどうすればいい？ ── 61

どのメールから返信すればいい？ ──── 62

返信するときの件名はどうする？ ──── 63

返信するときメールの履歴は残した方がいい？ ──── 64

「CC」で送られてきたメールも返信する？ ──── 65

「全員に返信」ってどういうときに使うの？ ──── 65

引用ってなんだ？どういうときに使えばいい？ ──── 66

転送ってなんだ？どういうときに使えばいい？ ──── 68

メールコミュニケーションの困った

メールと電話、対面、手紙はどうやって使い分ければいい？ ── 70

複数の人にメールを送るとき、どんなことに注意すればいい？ ── 72

用件が2つ以上あるときはどうする？ ──── 74

用件が長くなってしまいそう… ──── 75

メールを送ったのに返信がない…どうすればいい？ ──── 76

「返信なし」を防ぐコツって？ ──── 77

メールの返信をすっかり忘れていた！ ——— 78
受信したメールの内容がよくわからなかった ——— 79
メールの相手を怒らせてしまったみたい… ——— 80
間違ったメールを送ってしまった ——— 81
届いたメールの内容が間違っていた ——— 82

社内メールの困った

社内メールってどんなときに使えばいい？ ——— 83
社内メールには何を書けばいい？ ——— 84
社内メールにも敬語は必要？ ——— 86
社内メールを書くポイントって？ ——— 86
「さん」「様」「殿」「部長」、敬称はどうすればいい？ ——— 87
上司からメールで注意されたとき、どうすればいい？ ——— 88

その他、とにかく困った

携帯電話とパソコン、どちらにメールを送ればいい？ ——— 90
携帯電話にメールを送るとき、どんなことに注意すればいい？ ——— 91
初めて連絡をとるとき、注意した方が良いことは？ ——— 92
「開封確認」「重要度」「文字の飾り」…
メールの機能って自由に使っていいの？ ——— 94
「返信不要」とあるメールは本当に返信しなくてもいい？ ——— 95
コンピュータウイルス対策って必要？ ——— 96
HTML形式、テキスト形式、文字コードってなんだ？ ——— 97
丁寧に書こうとすると堅苦しい文章になってしまう… ——— 98
メールを書く時間を短縮させるコツって？ ——— 98
英語圏の方にメールを送るとき、
どんなことに注意すればいい？ ——— 99
英語でメールを書くとき、誤解されないコツってある？ ——— 100
英語でメールを書くとき、敬称はどうすればいい？ ——— 100
英文メールには何を書けばいい？ ——— 101

第2部

今すぐ使えるビジネスメール資料集

第4章　今すぐ使えるシーン別文例 50

お礼 ……………………………………………………………… 106
- **例文1** 注文のお礼 ── 107
- **例文2** 打ち合わせのお礼 ── 108
- **例文3** 贈り物のお礼 ── 109
- **例文4** 接待のお礼 ── 110

お祝い …………………………………………………………… 111
- **例文5** 昇進・栄転のお祝い ── 112
- **例文6** 独立・開業のお祝い ── 113

お詫び・謝罪 …………………………………………………… 114
- **例文7** クレームへのお詫び ── 115
- **例文8** パーティー欠席のお詫び ── 116
- **例文9** 品違い・数量違いへのお詫び ── 117
- **例文10** メール誤送信のお詫び ── 118

挨拶 ……………………………………………………………… 119
- **例文11** 就任・着任の挨拶 ── 120
- **例文12** 年末・年始の挨拶 ── 121
- **例文13** 転勤の挨拶 ── 122
- **例文14** 退社の挨拶 ── 123
- **例文15** 転職の挨拶 ── 124

お知らせ・ご案内 ……………………………………… 125
- **例文 16** 打ち合わせのお知らせ ────── 126
- **例文 17** 展示会のご案内 ────── 127
- **例文 18** 接待のご案内 ────── 128

問い合わせ ……………………………………… 129
- **例文 19** サービス内容・取引条件に関する問い合わせ ────── 130
- **例文 20** 商品発送に対する問い合わせ ────── 131

依頼 ……………………………………… 132
- **例文 21** 見積りの依頼 ────── 133
- **例文 22** 講演の依頼 ────── 134
- **例文 23** 値引きの依頼 ────── 135

営業 ……………………………………… 136
- **例文 24** 新商品のご案内 ────── 137
- **例文 25** 面談の申込み ────── 138
- **例文 26** 面談後のクロージング ────── 139

確認・承諾 ……………………………………… 140
- **例文 27** 商品注文の確認 ────── 141
- **例文 28** 面談の承諾 ────── 142

お断り ……………………………………… 143
- **例文 29** 営業のお断り ────── 144
- **例文 30** 取引の辞退 ────── 145

催促 146
- **例文 31** 納品の催促 ——— 147
- **例文 32** 返答の催促 ——— 148
- **例文 33** 代金支払いの催促 ——— 149

抗議 150
- **例文 34** サービス内容への抗議 ——— 151
- **例文 35** 納品遅れへの抗議 ——— 152
- **例文 36** 担当者の働きぶりへの抗議 ——— 153

お見舞い 154
- **例文 37** 病気のお見舞い ——— 155
- **例文 38** 天災のお見舞い ——— 156

冠婚葬祭 157
- **例文 39** 結婚のお祝い ——— 158
- **例文 40** お悔やみを人づてに聞いたとき ——— 159

社内メール 160
- **例文 41** 会議実施のお知らせ ——— 161
- **例文 42** 議事録 ——— 162
- **例文 43** 研修参加の報告 ——— 163
- **例文 44** 業務依頼 ——— 164
- **例文 45** 部下・後輩への指示 ——— 165

英文メール 166
- **例文 46** 見積りの依頼 ——— 167

- 例文 47 納期のお知らせ —— 168
- 例文 48 出張時のお礼 —— 169
- 例文 49 レストランの予約 —— 170
- 例文 50 （社内メール）会議開催の連絡 —— 171

第5章　ビジネスメール必須用語・フレーズ集

知っておきたいビジネス用語 …… 174

今すぐ使えるフレーズ集 …… 178

- 書き出しの挨拶 —— 178
- お礼のフレーズ —— 179
- お祝いのフレーズ —— 180
- お詫びのフレーズ —— 180
- お見舞いのフレーズ —— 181
- お知らせ・ご案内のフレーズ —— 181
- お願いのフレーズ —— 182
- 問い合わせのフレーズ —— 182
- 承諾・お断りのフレーズ —— 182
- 抗議のフレーズ —— 183
- クッション言葉 —— 183
- 結びのフレーズ —— 184

巻末資料　敬語早見表 …… 185

第1部

失敗しない！ビジネスメールの基本

第❶章
ビジネスメール入門

そもそも、ビジネスメールってなんだ?

「お世話になっております!」でチャンスを失った人もいる

　ビジネスパーソンにとって、E-mail（以下メール）は、欠かせないものとなってきました。今では、世界中のどこからでもメールのやり取りができます。中には1日100通以上のメールをやり取りする人もいるかもしれませんね。

　手軽に送受信できる一方で、メールには思わぬ落とし穴があります。たとえば、学生気分のまま、取引先へのメールに**「お世話になっております!」**と、「!（エクスクラメーションマーク）」をつけたことで、面談のアポイントメントに応じてもらうチャンスを失った人もいるのです。

ビジネスメールとプライベートのメールは別モノ

　「!」をつけることのように、**プライベートのメールだったら当たり前のことでも、ビジネスメールでは非常識と思われることがあります。** もしかしたら、「ふだんからメールは送り慣れているから大丈夫!」と自信がある人ほど、注意が必要かもしれません。

　メールは、いつでも瞬時に自分の都合の良いタイミングで送信できたり、送信履歴が証拠として残ったり、一斉に複数の相手に送信できたりする、とても便利なツールです。こういったメリットを活かせるかどうかはあなた次第です。

　ビジネスメールとプライベートのメールは別モノと考え、メールのマナーとルールを身に付けていきましょう。

ビジネスメールってどんなもの？

　ビジネスメールとはどんなものか、ここで改めて考えてみましょう。当たり前ですが、「ビジネス」でやり取りをする「メール（E-mail）」です。「ビジネス」の意味は「利益の追求を目的として進める仕事」。

　つまり、これを行なうために用いるメールがビジネスメールの役割と言えますね。

お互いに「プラス」を生み出すメールを書けていますか？

　私たちは、仕事・ビジネスをすることで給与を得ています。ビジネスは利益を追求することなので、私たちは自分の仕事を通じて利益を生み出さなければいけません。

　私たちの仕事の目的が「利益を生み出すこと」だとすると、ビジネスメールの目的も「利益を生み出すこと」にあります。つまり、ビジネスメールとは、**仕事を通じて互いの利益を生み出すためのコミュニケーションツール**なのです。

「そんなメール書けてないかも…」そう思ったあなたも大丈夫。本書を通して「プラス」を生み出すメールの書き方、送り方を身に付けていきましょう。

ビジネスメールの目的

- 利益を生み出すこと
- 仕事を通じて互いの利益を生み出すためのコミュニケーションツール

ビジネスメールに必要なものってなんだ？

ビジネスメールの基本中の基本、ミスは絶対にNG！

ビジネスメールを送るとき、どんなことに気をつけるでしょうか？

まず、送信先のメールアドレスの入力ミスをしないこと。そのほか、見た目の印象、言葉づかい、わかりやすい文章かどうかも必要ですね。

ビジネスメールの大前提は、間違った内容を書かないことです。アドレスをミスしたらメールは届きませんし、相手の名前を間違ったら、それまで積み上げてきた信頼関係がダメになってしまうかもしれません。

「こんなことは当然でしょ」「今さら言われなくてもわかってる」、と思われるかもしれませんが、この当たり前のことができていない人が結構いるものなのです。

「形」は大切だけど、それだけ整えてもダメ

次はメールの「形式」です。どんなに良い内容が書いてあっても、こんなメールは読みたくありませんね。

こんな「形」のメールは読みたくない！

（改行のないメールはNG）

> いつも大変お世話になっております。●●商事の阿部と申します。この度は、弊社サービスについてお問い合わせいただきありがとうございました。弊社サービスは、御社の営業管理において大いにお役立ていただけるのではないかと感じております。なぜならば ・・・・・・・・・・・・・・・・・・・・・・・・・・

ビジネスメールの必要事項

第一印象	第二印象	第三印象
視覚の印象 読みやすい書き方	言葉づかい 正しい敬語	わかりやすく 書くスキル

大前提 送信者・受信者のメールアドレス情報・氏名を正しく入力

　ビジネスメールはお互いに「プラス」を生み出すために書くものでした。お互いにプラスを生み出すメールは、「形」を覚えるだけでは書けるようになりません。

　メールの見た目の体裁を整えるということは、**メールの第一印象を良くすること**です。仕事をする上で、第一印象が良いことは、基本中の基本。第一印象は、良くて当然のことなのです。形だけではなく、言葉の意味やその目的をきちんと理解しましょう。

　メールの第一印象、見た目で評価をしていただける書き方は、2章で紹介していきます。

言葉づかい、敬語が第二印象を決める

　第二印象の言葉づかいは重要です。なぜならば、**メールは言葉のコミュニケーション**だからです。

　また、敬語の習得は必須です。**敬語とは、相手への敬いの気持ちを言葉で表現するもの**なのです。仕事は、お客様、取引先、上司、先輩、部下、後輩などがいなければ成り立ちません。相手に敬意の気持ちをもち、その気持ちを言葉で伝えることは、ビジネスを行なう上で、とても大切なことです。だからこそ、正しい敬語を書ける、使えることが必要なのですね。

メールのやり取りが原因で大きなトラブルに発展することも …

　第三印象にも十分に留意しなければなりません。**わかりづらい文章だったため大きな損害が生じてしまう**こともあります。特に、取引を始めたばかりで信頼関係が構築されていない会社同士であればなおさら気をつけたいところです。

　また、そのときの感情や勢いに任せて慌てて書いたメールがあなたやあなたの会社にとって命取りになることもあります。メールは、簡易で便利という意識を多くの人がもっています。その一方で、文字を用いるコミュニケーションのため、聞き流すことができません。**文字として残る**という点から、会社共々、**大きな責任が発生**するのです。

　たかがメールと思うかもしれませんが、メールは、訴訟になったときなどにも証拠となる文書のひとつです。**自分が書き、送信するビジネスメールの一通一通が、いかに重要な書類のひとつであるのか**、肝に銘じておきましょう。

メールのやり取りが原因で起こったトラブル例

- 打ち合わせの日時の書き間違いにより、当日の商談ができず、その企画自体も流れてしまった
- 馴れ馴れしい口調で書かれたメールに不快感をもたれ、取引を停止されてしまった
- 「言葉の言い回しが不快だ」という感情的な理由から、上司に無断で取引を停止したことで、相手から訴えられ、左遷されてしまった

第1部 失敗しない！ ビジネスメールの基本

第❶章 ビジネスメール入門

あなたのミスは、「会社のミス」

メールがコミュニケーションの中心となりつつある現代において、メールは**「会社を代表して送受信する"受付のひとつ"」**といっても過言ではありません。また、**会社に所属し、会社のメールアドレスを使用するということは、会社を代表して仕事を行なっているということ**です。たとえば、あなたが送信先のメールアドレスを間違えば、社会の評価は「**あなた**が間違った」のではなく「あなたの**会社**が間違った」となります。あなたが書き、送信した一通のメールが原因で「こんなことをミスする会社には、大事な仕事は依頼できない」となるかもしれません。

責任感をもって、心のこもったメールを書こう

会社に所属している以上、「**自分＝会社**」であるという意識が必要です。この「意識」が「責任感」を生み、プラスをもたらすビジネスメールを書くための下地となります。メールという**形となって目に見える言葉は、あなたの気持ち、心から成るもの**です。そして、あなたが伝えたい情報や想いを、誤解されることなく相手に伝えるためには、体裁、言葉づかい、内容をきちんと整えたビジネスメールを作成、送信する必要があるのです。

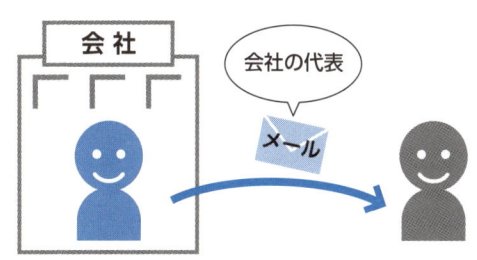

メールで「恥をかかない」ために
―メールマナーを身に付けよう

正しいビジネスメールの書き方を知りたい理由は？

　ある企業のビジネスマナー研修で、「ビジネスメールの書き方を教えて欲しい」と質問を受けた人たちに「なぜ、それを身に付けたいのですか？」と、質問したことがあります。その主な答えは次のとおりでした。

「なぜ、メールの書き方を身に付けたいか？」

1位　「誤ったメールを送信して恥をかきたくない」
2位　「相手に失礼のないメールを書きたい」
3位　「マナーあるメールを書きたい」

恥をかきたくない、相手を不快にさせたくない

　メールを書くとき、送信するときには、常に"相手"が存在するというのは、3つの答えに共通したことです。

　恥をかきたくないと思う気持ちにも、相手からそう思われたくないという心理があります。また、「失礼のないように」と思うのは、まさに相手のことを考えた配慮の気持ちから成るものです。

　相手のことを配慮し、相手を不快にさせないメールには、マナーが欠かせません。逆に考えると、マナーの欠けたメールは、相手に不快感を与えることになりますし、結果として自分が恥をかくことにもつながるのです。

相手を不快にさせないメールとは？

では、**相手を不快にさせないマナーあるメール**とは、一体どのようなメールでしょうか。まず考えたいのが、「マナー」の意味です。「マナー」というとこんな勘違いをしている人が多いようですが、これは本来のマナーの意義ではありません。

マナーの勘違い

× 「こういうときにはこうしなさい、こう言いなさい、こう書きなさい」などと形式を教えられるもの

× 「型を覚えてそれを行なっていれば、とりあえずは大丈夫」なもの

真のマナーの意味は**「相手の立場にたつ」**ことです。"自分中心"いわゆる"自己チュウ"な書き方をするとマナーがないと評価をされてしまいます。マナーがある人のメールは、**"相手中心"の気持ちが形となって表現をされている**ものです。

相手に読んでもらえるメールを書こう

たとえば、あなたが受信したメールが、改行が整っておらず、大変読みにくいものだったら、言葉の使い方を不快に感じたら、あなたはそのメールを最後まで読むでしょうか？ 読みたいと思わないのが普通ですね。

メールも手紙も同様ですが、**相手がそれを見たり読んだりしていなければ、送ったとは言えません。**「メールを送ったのに…」という言い訳は通用しないと心得ましょう。

「件名」で読んでもらえるかどうかが決まることもある

相手に読んでもらえるように書くために、マナーが必要だとわかりますね。では、相手に読んでもらうためには、具体的にはどういったことが必要でしょうか？　誰からのメールかがすぐにわかる、見た目のレイアウトなど、詳しくは2章で説明していきますが、特に、「**件名の書き方**」は重要です。

人によっては1日に100通以上のメールをやり取りすることがあります。そんな中で、相手がどんなに忙しくても「**このメールはきちんと読まなければいけない！**」と思ってもらえるような件名が書けるといいですね。

その結果、相手は有効な情報を得ることができるでしょうし、送信した側も、読んでもらうことで目的が達成されれば、ここにお互いにプラスが生まれます。

このように**マナーあるビジネスメールが書ければ、相手も自分もプラスの結果を生み出すことができる**のです。ビジネスでは、このような「**WIN-WINの関係」をつくる**ことで成功したと言えます。

マナーあるメールが「プラス」の関係をつくる

マナーは、まず相手を思いやる気持ちからスタートします。それは、「相手がプラス、ハッピーになったこと」が、「自分の喜び、プラス、ハッピーである」という気持ちをもっていることです。こういった気持ちがあれば、お互いがプラスとなるビジネスメールを書けるでしょう。

ところで、マナーを日本語にすると「礼儀」という言葉になります。「礼」は思いやり、「儀」は形式のことです。思いやりは、

私たちの気持ち、心から生まれます。形式を最優先させるのは、礼儀ではありません。これは「儀礼」です。

だから本書では、「なぜ、そのような形となるのか」その理由となる気持ちや心の部分を伝え、理解していただいた上で、その書き方、フォーマットなどの形を伝えています。

形だけにこだわるビジネスメールでは、お互いにプラスになるようなコミュニケーションにはなりません。すなわち、**儀礼的な態度やメールでは、お互いハッピーにはなれない**ということです。**礼儀があるから、そこに双方のプラス、ハッピー、笑顔が生まれる**のです。

ビジネスメールの書き方も、ビジネスマナーの一つです。次のビジネスマナーの7原則を踏まえたメールが書ければ、相手を不快にさせない、恥をかかないどころか、**「しっかりした人」「信頼できる人」**という印象を与えることができるでしょう。

ビジネスメールの7原則

- **原則1** 表情　　　　➡ 宛名と件名
- **原則2** 態度　　　　➡ 読みやすいレイアウト、誤字脱字がない
- **原則3** 挨拶　　　　➡ 挨拶に始まり挨拶で結ぶ
- **原則4** 身だしなみ　➡ 署名の明記
- **原則5** 言葉遣い　　➡ 敬語や言い回し
- **原則6** 名前を呼ぶ　➡ 本文中に相手の名前を書きながら呼びかける
- **原則7** 返事をする　➡ 問いかけに「はい」と返事

メール文章の基本ってどんなこと？

「型」でそれぞれのポイントをつかむ

　メール文章の基本原則は、前のページで紹介したとおりです。
　まず、**「相手の立場にたった思いやり」をベース**として、宛名、件名、レイアウト、挨拶、敬語・言い回し、呼びかけ、返事・・・と**7つの原則を基本に、書き進めていく**ことにします。これを実際のメールに置き換えたのが26ページの「メールの基本フォーマット」です。

メールには、社外メールと社内メールがある

　ところで、ビジネスメールには社外メールと社内メールの2つの種類があります。お客様や取引先とのやり取り（社外メール）だけではなく、社内の上司、先輩、同僚、後輩ともメールのやり取りをするのが一般的です。

　詳しくは3章で説明することになりますが、**社外メールと社内メールそれぞれにおいての基本に違いはない**と考えていいでしょう。社内メールも、23ページの7つの基本に則って書いていくことになるのです。

　特に社内メールは大変無味乾燥なメールが飛び交うことがあります。たとえば、朝一番のメール。開封してみると「今日の会議は13時に変更」とだけが書いてあったとします。もちろん、13時から会議があることはわかるでしょうが、マナーあるメールとは言えません。私も忙しいときは、つい、このような一行メール

を送信したくなります。しかし、どんなに忙しくても、面倒だなと思っても、ビジネスマナーの大前提**「相手の立場にたつ」**を顧みたいところです。

社内メールの始まりは「おはようございます」「お疲れ様です」

若手社員は上司や先輩たちから「おはよう」と挨拶のひと言をもらうだけで、一日のやる気が出るといいます。挨拶の「挨」には、心をひらく、「拶」には近づくという意味があります。すなわち、**挨拶とは、相手に心をひらいて、お近づきをすること**です。**心の扉をひらき合う関係ができていれば、仕事はスムーズに進み**ます。こう考えると、朝の社内メールであれば「おはようございます」の挨拶から、それ以外の時間帯であれば「お疲れ様です」からスタートするのが基本とわかりますね。

面倒なルールは嫌だというあなたへ

ここまでビジネスメールの基本として、目的やマナーなどを見てきましたが、ここまで読んで「面倒なルールはイヤだ」と思う人もいらっしゃるかもしれません。

ここでひとつ、ハッキリとお伝えします。**マナーはルールではありません。決まり事ではない**のです。本書でお伝えすることを実行するかしないかは、あなた次第です。

ただ、**一通一通のメールはあなたの印象・評価を決めるもので、マナーはあなたの生き様を表します。**相手の立場にたったマナーあるメールを書いてみたいと思う人は、2章以降の詳しい解説を熟読して実践してみてください。

メールの基本フォーマット

From: ウイズ_小黒淳子 <ogumama@××.com> ・・・❶

To: 株式会社ERH 山田恵美子様 <emikoy@××.co.jp> ・・・❷

件名: 新商品発表会の打ち合わせ日程のご連絡 ・・・❸

株式会社ERH ・・・❹
商品企画部　山田恵美子 様 ・・・❺

　・・・❻
山田様、いつも大変お世話になっております。・・・❼
ウイズ 商品開発部の小黒です。・・・❽
　・・・❾
新商品発表会の次回の打ち合わせの日をお知らせ申し上げます。

■日時：４月１５日（木）13：00〜 ・・・❿
■場所：弊社６Ｆ小会議室

資料等はこちらでご用意いたします。
お忙しいところ誠に恐縮ですが、
ご出席くださいますようお願い申し上げます。

それでは、当日はお気をつけてお越し下さいませ。
お目にかかれますことを心待ちにいたしております。・・・⓫

** ・・・⓬
ウイズ株式会社 商品開発部 小黒淳子
〒123-4567　東京都港区南青山○−○−○
TEL：03-1234-5678
FAX：03-1234-5679
URL：http://www.xx.com
Email：ogumama@××.com

① 差出人の社名、氏名、メールアドレスがきちんと表示されるように設定。

② 宛先の社名、氏名、メールアドレスを間違いなく。

③ 件名は、そのメールの内容がひと目でわかるように。

④ 本文の一行目は相手の社名。

⑤ 肩書きのない場合は、部署名と氏名と敬称。肩書きがある場合は、二行目に部署名。三行目に肩書きと氏名と敬称。

⑥ 基本7原則の6番目。名前の呼びかけからスタート。

⑦ 挨拶。ただし、朝の10:30までは、「おはようございます。いつも大変お世話になっております」とする。

⑧ 自分の社名と名前を名乗る。

⑨ 受信者が読みやすいように、一段落は3〜5行で改行する。

⑩ 重要な箇所は、■や●などで目立たせたり、1.2.3.などの箇条書きにする。

⑪ 結びの挨拶はポジティブな言葉で締めくくる。

⑫ 必ず署名を書く。
署名の内容
　社名・部署名・氏名
　郵便番号・住所・電話番号・FAX番号
　URL・メールアドレス

第1部

失敗しない！ビジネスメールの基本

第❷章

絶対に失敗しないビジネスメール12のポイント

Point 1 「宛先」「送信者」の表示も気を抜かない

手紙に置き換えると簡単！

まずはメールの宛先です。宛先は「アドレス」のことですが、ただアドレスを書くだけではマナーあるメールとは言えません。

手紙の宛名書きをメールに置き換えてみます。

手紙とビジネスメール

〒100-0000 東京都港区●● 1-1-1 ウイズ株式会社 営業部　佐藤五郎様	From: マナー株式会社 _ 阿部浩 <h-abe@xxx.co.jp> To: ウイズ株式会社 _ 営業部 _ 佐藤五郎様 <sato.goro@xxx.ne.jp> 件名: お見積りの件

少し面倒だと思っても、「相手に対して礼を尽くしたい」という気持ちがあれば、**社名、氏名、敬称などを入力する**形で表現したいものですね。

会社のメールシステムによって入力不可能な場合は、文末に「当社のメールシステムの都合により、宛先箇所の敬称を略させていただきますことをご了承ください」などの一言があれば、その気持ちは伝わるでしょう。

「送信者」はどの会社の誰からのメールかがわかるように

送信者は、「郵便の差出人」に当たります。受信した相手にひと目で**「どの会社の誰からのメールか」**がわかってもらえるような配慮が欲しいところです。**自社名と氏名**が明記されているとわかりやすいですね。

NG ❶ 相手から送信されたメールにそのまま返信する

To：**佐藤五郎** <sato.goro@xxx.ne.jp>

OK ❶ 最低限、敬称の「様」をつける

To：佐藤五郎**様** <sato.goro@xxx.ne.jp>

NG ❷ 間違った敬称の使い方　※肩書きと敬称は続けない

To：ウイズ株式会社 _ 佐藤太郎部長**様** <sato.goro@xxx.ne.jp>

OK ❷ 宛名の基本は「社名＋部署名＋肩書＋氏名＋敬称」

To：ウイズ株式会社 _ 営業部 _ **部長** _ 佐藤太郎**様** <sato.goro@xxx.ne.jp>

NG ❸ 「送信者」の表示がアドレスだけ

From：h-abe@xxx.co.jp

OK ❸ 最低限「社名」「氏名」がわかるように

From：マナー株式会社 _ 阿部浩 < h-abe@xxx.co.jp >

ステップアップ　宛名の書き方

①社名→部署名→ 肩書→氏名→敬称
　（例）ウイズ株式会社 _ 営業部 _ 部長 _ 佐藤五郎様

②社名→部署名→氏名→敬称
　（例）ウイズ株式会社 _ 営業部 _ 佐藤五郎様

③社名→氏名→敬称
　（例）ウイズ株式会社 _ 佐藤五郎様

Point 2 「TO」「CC」「BCC」を使い分ける

「TO」「CC」「BCC」を使いこなせるともっとベンリ！

「宛先」の入力欄には、**「TO」「CC」「BCC」**の3つがあります。このメールの他にはない便利な機能を有効に使いこなすことができれば、ビジネスはスムーズに進むことでしょう。

一方、その使い方を誤ると、大きな問題に発展する可能性があります。だからこそ、それぞれの意味をしっかりと理解し、その用途、目的に応じた使い分けをしていきましょう。

「TO」「CC」「BCC」の違い

	正式名称	相手のメールアドレス	誰のアドレスを入力するのか
TO	—	見える	メールの内容を直接担当する人
CC	カーボンコピー	見える	その内容に関わる人
BCC	ブラインドカーボンコピー	見えない	他の受信者に名前を伏せて情報を共有したい人

「住所変更」など一斉メールにも一工夫を

本来「BCC」で送るべきものを「TO」「CC」で送ってしまったというトラブルは頻繁にあるようです。

また、住所変更などを「BCC」で一斉に連絡するときは、**「このメールはBCCで一斉にお送りしています。」**などの一文があると親切です。

(例) 取引先担当者　佐藤健介様

　　　取引先関係者　柴田浩平様、淀川美代子様

　　　自社関係者　　吉田太一、斎藤充 ※取引先に連絡先を知らせない

NG ❶ 担当者以外の関係者も全員「TO」に入れてしまう

To：佐藤健介様、**柴田浩平様、淀川美代子様、吉田太一**

OK ❶ 担当者を「TO」に、関係者は「CC」に

To：佐藤健介様
Cc：柴田浩平様、淀川美代子様、吉田太一

NG ❷ 取引先の方より自社の人を先に入れてしまう

To：佐藤健介様
Cc：**吉田太一**、柴田浩平様、淀川美代子様

OK ❷ 常に相手を先に、自社の人は最後に

To：佐藤健介様
Cc：柴田浩平様、淀川美代子様、吉田太一

NG ❸ 「BCC」に入れるべき人を「CC」に

To：佐藤健介様
Cc：柴田浩平様、淀川美代子様、吉田太一、**斎藤充**

OK ❸ 連絡先を知らせてはいけない人は「BCC」に

To：佐藤健介様
Cc：柴田浩平様、淀川美代子様、吉田太一
Bcc：斎藤充

Point 3 「件名」はひと目でわかるもの

わかりづらい「件名」は後回しにされることも…

　メールは「相手に読んで欲しい」と思って送信するものです。読んで欲しいと思うのであれば、**読んでもらえるメール**を送信する必要があります。その基本条件のひとつが「件名」です。読んでもらえる**「件名」の基本は、ひと目で内容がわかること**です。

　メールを受信すると、①まず「送信者名」「件名」が表示され、②その内容を見て、メールの本文を読み進めるのが一般的ですが、「件名」を見てひと目で用件・概要がつかめれば、「この件は急ぎだったからすぐに読んで対応しなきゃ！」など、判断することができますね。一方、わかりづらい「件名」の場合、後回しにされてしまうこともあるかもしれません。

「何がわかると仕事がやりやすくなるか？」を考える

　読み手の立場にたって、**「何がわかると仕事がやりやすくなるか」**を考えることで、さらにわかりやすい「件名」になります。たとえば、単に「打ち合わせ時間変更の件」とあるよりも「**●月×日打ち合わせ時間変更の件**」と日付が入っていた方が、どの打ち合わせかハッキリします。また、「送信者」欄に自分の社名や氏名を書くことができない場合などは、**件名欄に差出人の社名と氏名を明記**すると、相手がその差出人をすぐに特定でき、後日検索もしやすくなります。

第2章 絶対に失敗しないビジネスメール12のポイント

NG ❶ 件名が空欄

件名：

OK ❶ ひと目でわかる件名を書く

件名：異動のご挨拶

NG ❷ 件名が挨拶言葉

件名：こんにちは

OK ❷ メールの内容が推察できる件名を書く

件名：面談のお願い

NG ❸ 長々と文章では書かない

件名：HP制作のお見積書をお送り致します。

OK ❸ 内容を簡潔にまとめる

件名：HP制作お見積書送付

ステップアップ さらにわかりやすい「件名」

- 件名の欄に差出人の社名・氏名を明記すると、相手がその差出人をすぐに特定でき、後日検索もしやすくなる

  (例) お見積もりの件（マナー株式会社・阿部）
  　　お打ち合わせ_マナー株式会社・阿部

- 【　】にひと言を記入し、その後、見出しと社名と氏名を書くと「何をして欲しいメールか」がわかりやすくなる

  (例)【質問】お見積もり(マナー株式会社・阿部)

Point 4 「行頭」「改行」への配慮はデキるメールの第一歩!

行頭は左寄せ、2～3行で改行が理想的

　ビジネス上、文書は「社外文書」と「社内文書」の2つに大きく分けられます。ビジネスメールにも同様に、社外メールと社内メールがあるのは、1章で見たとおりでした。ただし、社外・社内にかかわらず、**読み手が読みやすいフォーマットで送信する**配慮が大切です。

　ところで、紙ベースである一般の文書や手紙では、行頭は一文字空けて書くのがルールです。しかし、メールでは、**行頭はすべて左寄せ**で書きます。一文字空けることはしません。これは、相手のメールソフトの環境によっては、自分が書いたものと同じフォーマットで受信されず、文字が乱れて読みにくい状態になる可能性があるからです。

　また、**一行一文**、一行は多くても**30字程度で改行する**のが基本です。また、内容のまとまり、ブロック単位で**一行空けて改行**をします。**2～3行で改行できると理想的**です。長くても5～6行書いたら改行しましょう。

行頭へのちょっとした心配りも

　さらに、常に相手を敬う気持ちを、形で表す配慮があると理想的です。そのヒントとなるのは、一般的な日本の手紙の書き方のマナーです。手紙では、**相手の名前は行頭に**、**自分のことは行末**に書きます。相手を敬う気持ちは、文章の中にも形として表れる

ものです。このような別の媒体のマナーを応用できると、より相手を思いやったメールになりますね。

NG ❶ 行頭を一文字空ける、改行がない

> 　佐藤様、いつも大変お世話になっております。次回のお打ち合わせの件でございますが、4月10日(木)でお願いできますと幸いです。時間は、追ってのご相談でもよろしいでしょうか。資料は5部、私が持参いたします。

OK ❶ 行頭はすべて左詰め、一行は30字程度で改行する

> 佐藤様、いつも大変お世話になっております。
> （改行は一行空ける）
> 次回のお打ち合わせの件でございますが、
> 4月10日(木)でお願いできますと幸いです。
> 時間は、追ってのご相談でもよろしいでしょうか。
>
> 資料は5部、私が持参いたします。

（ブロック単位で改行する）

NG ❷ 相手の名前や社名が行末に

> 明日の納品は8時ですが、私阿部が届けにうかがいます。**御社**は開いていますか。**佐藤さん**は出勤していますか？

OK ❷ 相手の名前や社名は行頭に

> 明日の納品は8時を予定いたしております。
> 納品時は、私阿部が届けにうかがいます。
>
> 早いお時間ですが、
> 御社は開いていらっしゃいますでしょうか。
> 佐藤さんはそのお時間に出勤なさっていらっしゃいますか。

第❷章　絶対に失敗しないビジネスメール12のポイント

Point 5 どんなに急いでいても本文は挨拶からスタート

まずは挨拶から、ただし前文・時候の挨拶・結語は不要

ビジネスメールは、文字、言葉のコミュニケーションツールです。コミュニケーションは、**挨拶からスタート**します。たとえば、朝は「おはようございます」という挨拶から始まりますね。

1章でも見ましたが、**挨拶は「相手に心をひらいて、お近づきをする」こと**です。メールを書くときも、心をひらき、相手と良い関係を築いていこうとする気持ちをもって挨拶からスタートしましょう。

ところで、社外文書では、前文といわれる拝啓や謹啓という頭語から始まり、時候の挨拶文を書いた後で、もっとも伝えたい本文、末文として結びの言葉、敬具や敬白などの結語で締めくくりますが、**メールの場合は、拝啓などの頭語、結語は一切不要**です。

定型文以外の挨拶ができると印象 UP

ビジネス文書の場合、挨拶の定型文を用いて書くことがほとんどですが、ビジネスメールでも、**「いつもお世話になっております」とスタートさせるのが一般的**です。

ルールとしてはこれで十分ですが、さらに印象を良くする挨拶があります。「いつも**大変**お世話になっております」と「大変」を加えて**感謝の気持ちを表現**したり、**「早速で恐縮でございますが」**などの**クッション言葉**を使ったり、基本を押さえつつ、プラスαができるとさらに良いですね。

第1部　失敗しない！　ビジネスメールの基本

NG ❶ いきなり本題から始める

明日のお打ち合わせは１０時からお願いします。

OK ❶ メールは必ず挨拶からスタート

いつもお世話になっております。
明日のお打ち合わせは１０時からお願いします。

NG ❷ 形式だけで、気持ちが伝わってこない

いつもお世話になっております。

OK ❷ 基本を押さえつつ、プラスαを取り入れる。

○○様、**おはようございます。**
いつも**大変**お世話になっております。

○○様、いつも**大変**お世話になっております。
早速で誠に恐縮でございますが、
明日のお打ち合わせは１０時から、**宜しく**お願いします。

ステップアップ さらに印象が良くなるメールの挨拶例

- 相手の名前を書いてから挨拶する
- 午前10時30分までのメールは「おはようございます」からスタートする
- 「大変」という言葉を付け足すことにより、より一層、お世話になっている感謝の気持ちを表現する
- クッション言葉（P.183）を使う
- ただ「お願いします」ではなく「宜しく」をつける

第❷章　絶対に失敗しないビジネスメール12のポイント

Point 6 メールも見た目が9割！？読んでもらえるレイアウト

「見づらいメール」は読みたくない！

以前、『人は見た目が9割』（新潮社、竹内一郎著）という本がベストセラーとなりましたが、人が他人から受け取る情報の割合は、「見た目・身だしなみ・仕草・表情」から55％、「声の質・大きさ・テンポ」から38％、「話す言葉の内容」はわずか7％と言われています。メールと対面のコミュニケーションは少し違いますが、**メールでも見た目が読み手に大きな影響を与えている**のは間違いなさそうですね。

レイアウトの基本ルールにアレンジを

メールの見た目とはレイアウトです。Point4でも、一行あたりの文字量や改行のルールなどをご紹介しましたが、ほかにも工夫があります。

まず、2つ以上の用件がある場合は、「1．お打ち合わせの件」「2．お見積もりの件」といったように、メール本文中に見出しをつけると読みやすくなるでしょう。また、「次回のお打ち合わせは、●月×日13時から弊社会議室でお願いします。」と書くよりも、次のように項目ごとにまとめたほうが、スッキリしていてわかりやすいのは一目瞭然ですね。

> 次回のお打ち合わせは次のとおりお願いいたします。
> 【日時】●月×日　13時～
> 【場所】弊社会議室

NG 用件を続けて書く

まずお打ち合わせの件ですが、後ほど弊社佐藤より
ご連絡申し上げる予定です。
少々お待ちくださいませ。
また、お見積もりをお送りくださりありがとうございました。
現在、上司と相談しているところですが、
●月×日を目処に返答いたします。

OK 用件ごとに見出しをつける

1．お打ち合わせの件
後ほど弊社佐藤よりご連絡申し上げます。
少々お待ちくださいませ。

2．お見積もりの件
お送りくださりありがとうございました。
現在、上司と相談しているところですが、
●月×日を目処に返答いたします。

まとめ 読みやすいレイアウトのルール

- 一行一文
- 一行は多くても３０字程度で改行する
- ブロック単位で改行し、改行をするときは一行空ける
- 長くても５～６行で改行する（２～３行で改行できると理想的）
- ２つ以上の用件があるときは見出しをつける
- できるだけ項目ごとにまとめる

Point 7 間違えると恥ずかしい「敬語」のルール

メールは言葉のやり取り、だから敬語は基本中の基本！

　メールは、言葉なしでは成り立たないコミュニケーションです。言葉を使う以上、正しい敬語を使って書くのは基本中の基本です。

　現在、敬語は「尊敬語」「謙譲語Ⅰ」「謙譲語Ⅱ（丁重語）」「丁寧語」「美化語」の5つに分類されています。ここでは、「お」「ご」の使い方、身内敬語、二重敬語、他者謙譲語など間違いやすいポイントを中心に見ていきます。**相手に失礼のない、あなたと会社が恥をかかないメールを書くため、正しい敬語をマスター**しましょう。

間違いやすい！「お」「ご」の使い方

　「お」や「ご」をつけることで敬語になる言葉があります。使い分けの原則を元に、その違いを理解しておくと良いでしょう。

まとめ 「お」「ご」使い分けの原則

- 訓読みの和語には「お」をつける
  (例) 名前 ➡ お名前

- 音読みの漢語には「ご」をつける
  (例) 氏名 ➡ ご氏名

- 「お」「ご」をつけない単語
  (例) 公共の物や施設、外来語、果物、役職や職業

なお、「お」や「ご」をつけない単語もあります。「公園」「市役所」など公共の物や施設、「バッグ」や「ビール」など外来語が日本語化した名詞や果物の名称、役職や職業にもつけません。**どちらかわからない場合や言葉が不自然な響きになると感じたらつけない**ほうがよいでしょう。

ついつい使いがちな身内敬語に注意！

「尊敬語」は相手側の動作を高める言葉、「謙譲語」は自分をへりくだる言葉です。慣れないうちは相手の動作に謙譲語を使ったり、自分側に尊敬語を使ってしまうこともあるかもしれません。

取引先の方から「御社の部長がおっしゃっていましたね。」と言われ、「はい。部長がおっしゃっていました。」のように、本来は身内に対して謙譲語にすべきところを、つい相手につられて尊敬語を使ってしまうこと、これを**身内尊敬語**といいます。

間違いやすいからこそ、日ごろから意識して注意したいものですね。

NG 「おっしゃる」は身内尊敬語

「はい。弊社の社長がそのように**おっしゃって**おりました。」

OK 身内尊敬語は謙譲語に直す

「はい。弊社の社長がそのように**申して**おりました。」

必要以上に丁寧にしない！　二重敬語に注意する

　ひとつの言葉に敬語の役割を果たす言葉が2つ以上あることを、**二重敬語**といいます。

　これは、敬語を意識するあまりに必要以上に敬語を重ねてしまう、という心理が働くものでしょう。相手を思いやって、敬おうとする気持ちは素晴らしいですが、いきすぎると間違いとなります。「善かれと思ってやったことが、実は間違っていた」ということのないように気をつけましょう。

NG ❶「おっしゃられる」は二重敬語

お客様が**おっしゃられて**いましたが、

OK ❶「言う」の尊敬語は「おっしゃる」

お客様が**おっしゃって**いましたが、

NG ❷「なされる」は二重敬語

メールを送信**なされて**いましたが、

OK ❷「する」の尊敬語は「なさる」

メールを送信**なさって**いましたが、

NG ❸「ご覧になられる」は二重敬語

昨日**ご覧になられた**資料は、

OK ❸「見る」の尊敬語は「ご覧になる」

昨日**ご覧になった**資料は、

「他者謙譲語」にも注意したい

謙譲語は、自分、身内に対して使用します。したがって、お客様、取引先などの相手（**他者謙譲語**）には使用しません。また、机やお茶などの物に対して尊敬語は使用しません。

これらも、よく見られるミスです。「知らず知らずのうちに使って恥ずかしい思いをした」ということのないようにしましょう。

NG ❹ 「参る」は謙譲語、取引先には使用しない

昨日、A社の森田様が**参り**まして

OK ❹ 取引先には尊敬語「お見えになる」を使う

昨日、A社の森田様がお見えになりまして

NG ❺ 「ございます」は謙譲語、取引先には使わない

明日、お越しになるのは、佐藤様でございます。

OK ❺ 取引先には尊敬語「いらっしゃいます」を使う

明日、お越しになるのは、佐藤様でいらっしゃいます。

※社外の人に上司を紹介する際に「上司の加藤でございます」は正解で、「上司の加藤でいらっしゃいます」は間違い。

NG ❻ 「いらっしゃる」は尊敬語、物には使わない

伊藤さんはお茶でいらっしゃいますね。

OK ❻ 物には丁寧語を使う

伊藤さんはお茶でございますね。

Point 8 「お世話様」「〜のほう」実は間違っている言葉に注意！

間違った言葉では伝わらない！

ふだん正しいと思って使っている言葉でも、実は間違っている場合があります。たとえば、「存じ上げる」と「存じる」はよく似た言葉ですが、**人を知っているときは「存じ上げる」、物や場所など人以外の物ごとを知っているときは「存じる」**を使います。思いやりや敬意は、間違った言葉では伝わりません。誤解されないよう、正しい言葉を使用しましょう。

間違い例1 知らず知らずに上から目線になっている言葉

知らず知らずに上から目線になっている言葉に気をつけましょう。たとえば、「お世話になっております」とよく似た**「お世話様です」は、目上の人が目下の人に向かって用いる言葉**です。取引先へのメールには用いないほうが良いでしょう。

間違い例2 若者バイト言葉に気をつけよう

まず、「〜のほう」は、2つのものを比較した際に用います。**比較の対象がないのに、「ほう」をつけるのは間違いです。「〜になります」は回りくどく、耳障りが悪いので、「〜でございます」「〜です」**とシンプルにはっきりと伝えましょう。また、**「よろしかったでしょうか」という言葉も間違い**です。現在・未来に起こることに対しては「よろしかった」という過去形ではなく、「よろしい」を用いるのが正しいでしょう。

第❷章 絶対に失敗しないビジネスメール12のポイント

NG ❶「ご苦労様です」は目上の人が目下の人に使う言葉

ご苦労様です。

OK ❶「ご苦労様です」は「お疲れ様」と言い換える

お疲れ様です。

NG ❷ 比較の対象がないのに「ほう」を使う

明日の会議の件は、**私のほうから**お客様へご説明する予定です。

OK ❷ 省略したり、別の表現に書き換える

明日の会議の件は、私からお客様へご説明する予定です。

NG ❸「〜になります」は回りくどく、耳障りが悪い

添付の書類がお見積書**になります**。

OK ❸「ございます」「です」に書き換える

添付の書類がお見積書でございます。

NG ❹ 現在・未来のことに過去形を使わない

次回のお打ち合わせは、弊社で**よろしかった**でしょうか。

OK ❹ 現在形（よろしい）に書き換える

次回のお打ち合わせは、弊社でよろしいでしょうか。

「すいません」「すみません」に注意！

特に男性に多いようですが、メールでお詫びをするとき、「すいません」と書く人がいます。しかし、この「すいません」という言葉遣いは間違いで、**正しくは「すみません」**です。

さて、この「すみません」という言葉は、大変便利な言葉として、多用されています。以下の3つのような場面で無意識のうちに使用している「すみません」という言葉は、簡易で便利ですが、**受け取り方によっては誤解を招くことも**あります。

簡略化することなく、伝えたい気持ちを表す言葉を用いるようにしたいものですね。

「すみません」を言い換えよう

- お詫び
  (例)「返信遅れて、**すみません**。」
  ➡「ご返信が遅くなり、申し訳ありません。」

- お礼
  (例)「昨日は弊社までご足労くださり、**すみません**。」
  ➡「昨日は弊社までご足労くださり、ありがとうございました。」

- 話しかける前置き
  (例)「**すみませんが**、明日、お越しください。」
  ➡「おそれいりますが、明日、お越しくださいますか。」

「どうも」も別のわかりやすい表現に直そう

　もうひとつ、簡易で便利なものとして「どうも」という言葉があります。これも、下記を参考に**より気持ちをストレートに伝えられる言葉に言い換えられると良い**でしょう。なお、「どうも」は馴れ馴れしい印象を与え、相手が不快に感じることもあります。**ビジネスメールでは「どうも」は使わない**ほうが無難です。

「どうも」を言い換えよう

- 挨拶
  （例）「どうも」「ども！」「どーも」
  ➡ 「いつも大変お世話になっております。」

- お礼
  （例）「先日はどうも。」
  ➡ 「先日はありがとうございます。」

「くださる」と「いただく」の使い分けにも注意

　また、よくある間違いとして目につくのが、**「くださる」**と**「いただく」**の使い方です。**「くださる」は尊敬語**です。「いただく」という言葉は**「私が〜していただく」**という**謙譲語Ⅰ**です。

　例として、「昨日は弊社に来てくれてありがとう」という気持ちを相手に伝えるときを考えてみましょう。このとき、「昨日は〇〇**様**が弊社にお越し」と、主語は来てくれた「相手」です。そのため、尊敬語の**「くださり」**を用いるのが正解です。

Point 9 メールの印象は「結び」で決まる

「宜しくお願いします」で締めくくるのが常識！

　文書に結びの言葉があるように、メールにおいても、結びは締めくくりとして、大切な言葉となります。ビジネスメールでは、最低限、**「宜しくお願いします。」「宜しくお願い申し上げます。」で結ぶのが常識**です。

　伝えたいことを伝えられれば、ビジネスとして問題ないかもしれません。しかし、結びの挨拶がないと、受信側は、「なにか物足りない無味乾燥な印象」をもってしまうのではないでしょうか。

最後の一文だからこそ、印象に残ることも

　ビジネスメールの目的は、「お互いにプラスになること」でした。その目的を達成するには、まず相手を思いやることが大切でしたね。結びのひと言は、最後に読むからこそ、印象に残ることもあります。**結びにひと言、思いやりを感じられる言葉が添えられているといないとの差は一目瞭然**です。

　たとえば、相手を思って「季節の変わり目でございます。くれぐれもご自愛くださいますように。」や「ご多忙の日々とは存じますが、くれぐれも御身、お大事になさってくださいませ。」と伝えることは、決して悪いことではありませんし、信頼感がアップすることもあるでしょう。

　ビジネスでは、シンプルで効率的なものが求められるとしても、気持ちまでも簡略化する必要はありませんね。

NG 用件のみで終わっている

お見積書は、来週送信します。

（署名）

OK クッション言葉＋「宜しくお願いします」で締める

お見積書は、来週送信いたします。

ご多忙の中、誠に恐縮でございますが、
何卒宜しくお願い申し上げます。

（署名）

> 相手の立場にたつクッション言葉も必須

OK 時節に合った言葉を入れると、さらに好印象

お見積書は、来週送信いたします。

年度末でご多忙の中、誠に恐縮でございますが、
何卒宜しくお願い申し上げます。

季節の変わり目、くれぐれもご自愛くださいませ。

（署名）

ステップアップ 一歩先行く「結び」の言葉

- クッション言葉を使う
- 時節に合った言葉を加える
- その他、余韻を残す言葉を添える
  （例）「○○様にお目にかかれる日を心待ちにしております。」

Point 10 「署名」は漏れなく、見やすく、シンプルに

「署名」は相手が知りたいことをシンプルに見やすく

宛先、挨拶、本文、結びを書き、自分の名前を書いたら、「さぁ、送信！」といきたいところですが、文末の署名を忘れてはいけません。署名も、受信者の立場にたち、**「この署名がどのように役立つのか」** を考えます。相手が知りたい情報がすぐにわかるように、**シンプルで見やすいレイアウトに**しましょう。

（必須！）署名に明記する内容

- **社名・部署名・氏名**
  ※氏名の漢字が読みづらい場合は読み方も

- **連絡先**
  (郵便番号、住所、電話番号、FAX 番号、メールアドレス)

- **会社 HP の URL**

広告や情報発信に署名を活用するのも◎

以下のように署名を広告媒体や情報発信（事務所の移転・休業日の連絡など）として活用することもできます。

> 平成○○年4月1日(月)より、弊社は下記に移転致します。
> お近くにお越しの際は、ぜひ、お立寄くださいませ。
> 〒000-0000 東京都○○区○○町1丁目1番1号

NG 苗字のみ、または氏名のみ

宜しくお願い申し上げます。

小黒

OK 受信者が必要な情報を見やすく書く

宜しくお願い申し上げます。

ウイズ株式会社　　**社名**
商品開発部 小黒淳子（おぐろじゅんこ）　　**部署名と名前**
〒000-0000　東京都港区南青山○−○−○　　**郵便番号と住所**
TEL：03-1234-5678　　**会社の電話番号**
FAX：03-1234-0987　　**会社のFAX番号**
MOBILE：080-0000-0000　　**公開しても良い場合は携帯電話番号**
URL: http://www.withltd.com　　**会社HPのURL**
Email：ogumama@withltd.com　　**メールアドレス**

OK 移転やイベント情報などを署名欄にて告知するのも◎

宜しくお願い申し上げます。

ウイズ株式会社
商品開発部 小黒淳子（おぐろじゅんこ）
新住所↓4月1日移転しました↓
〒000-0000　東京都港区南青山○−○−○
TEL：03-1234-5678
FAX：03-1234-0987
MOBILE：080-0000-0000
URL: http://www.withltd.com
Email：ogumama@withltd.com

Point 11 添付ファイルにも ルールとマナーがある

便利なツール、添付ファイルの注意点

　メールのメリットの一つとして、長文の文書や、表、画像、音声のデータなどを**添付ファイルとして送信**することができます。

　添付ファイルはとても便利な機能ですが、思わぬ問題を引き起こすこともあります。たとえば、添付するファイルの容量が大きいと、受信できないかもしれません。また、パソコンの環境によっては、送ったファイルが開けないこともあります。

添付ファイルのサイズは3メガまで！

　特にファイルのサイズには注意が必要です。合計で**3メガを超えるようなときは、データを圧縮したり、分割して送信する**など、サイズを小さくする配慮が必要となります。相手の環境に合わせること、これもマナーです。また、**ファイル転送サービス**（「宅ふぁいる便」など）を利用すると便利です。次のような場合は、**メールなどで事前に知らせておく**のも良いでしょう。

注意したい添付ファイル

- サイズの大きいファイルを送るとき
- ファイル転送サービスを利用するとき
- あまり一般的ではない形式のファイルを送るとき
  （例：Illustrator形式、Photoshop形式など）

OK 主に次の形式の添付ファイルは送ってOK！

- Wordファイル：「**.doc(x)**」
- Excelファイル：「**.xls(x)**」
- PowerPointファイル：「**.ppt(x)**」
- テキストファイル：「**.txt**」「**.rtf**」
- 一太郎の文書ファイル：「**.jtd**」
- PDFファイル：「**.pdf**」
- 画像・写真ファイル：「**.jpg**」「**.jpeg**」「**.bmp**」
- 音声ファイル：「**.mp3**」「**.wma**」
- 圧縮ファイル：「**.zip**」

> これら以外を送るときは先方に確認すると安心です

※ただし、容量には注意しましょう。

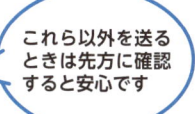

ステップアップ 添付ファイル200%活用法

①添付ファイルの形式を本文中に明記しよう
受信者によってメールの環境は違うもの。添付ファイルの形式を本文中に示しておけると、受信者も安心して開けるでしょう。

(例)「企画書（PowerPoint形式）をお送りします。」

②複数の添付ファイルを送るときは、それぞれの説明を伝えよう
どのファイルをどんな風に使って欲しいか箇条書きにまとめましょう。

(例) ●展示会企画書（PowerPoint形式）・・・ まずご覧ください。
　　 ●昨年度入場者データ（Excel形式）・・・ 参考資料です。

③本文と添付ファイルを使い分けよう
次のようなものは添付ファイルを利用すると良いでしょう。

(例) ●相手に内容をチェック、修正・編集してもらいたいもの（原稿など）

　　 ●内容が独立しているもの（提案書、企画書、スケジュール表、見積り書、分析データなど）

Point 12 見やすくても、正しい言葉でも こんなメールは絶対 NG！

送る前に見直ししていますか？

　メールは、パッと見の第一印象が整っていることは基本中の基本、その上で内容です。ここで、受信者や読み手に不快感を与えないために行いたいのは、作成したメールの見直しです。

　送信ボタンをクリックする前に次の**10個のポイントを必ず読み返します。**特に、**受信者の名前や会社名などのミスはあってはならないこと**です。また、表現が適切かどうかを冷静に読み返し、**相手に不快な印象を与えないような配慮**も必要です。

読む前に見直すポイント

① 宛先の書き方とメールアドレスを確認する
② 本来、BCC にする人を TO や CC に入れていないか
③ 件名はひと目でわかるものになっているか
④ 本文は、すべて左寄せからスタートしているか
⑤ 書き始めは、相手の社名、部署名、氏名が書かれているか
⑥ 本文の挨拶を書いているか
⑦ 「機種依存文字」を使っていないか
⑧ 誤字脱字はないか
　※特に名前、会社名などの固有名詞のミスは絶対にNG！
⑨ 添付ファイルの容量、形式は適切か
⑩ 署名を書いているか

①②㈱・・・「機種依存文字」を使わない！

⑦の「機種依存文字」は、ふだんあまり意識していない人が多いようです。**機種依存文字は、受信者側で文字化けをして読めないこともある**ので、使わない方が良いでしょう。

使ってはいけない「機種依存文字」の例

- 丸つきの数字（① ② ③など）
- かっこつきの数字（⑴ ⑵ ⑶など）
- ローマ数字（Ⅰ Ⅱ Ⅲなど）
- かっこつきの漢字（㈱ ㈲など）
- 単位記号（㎝ ㎏ ㎎など）
- その他の記号（№ ℡ 〒など）

漢字変換の間違いに気をつけよう

誤記の中でも、特に多いのは**漢字変換の間違い**です。「どこかに間違いがあるはずだ」と慎重に読み返すようにしましょう。

特に気をつけたい誤記例

- 会社名、名前の漢字は、絶対に間違えないように
  （例）齊藤、斎藤、斉藤など

- 変換ミス
  （例）○ **確信**しております　　× **核心**しております
  （例）○ **祈念**いたしております　× **記念**いたしております

第1部

**失敗しない！
ビジネスメールの基本**

第❸章

こんなときはどうする？
メールの困ったQ＆A

メールの基本の困った

Q どのメールから読めばいい？
A 基本は時系列。
件名から緊急度・重要度を判断しよう！

毎日、多くのメールを受信します。休み明けともなると、いつも以上に多くのメールが届くでしょう。このような場合、混乱して、どのメールから読めばいいのかわからなくなる人も少なくありませんね。

基本的には、時系列に、時間の経っているものから順に開封して読みます。ただし、急ぎ・重要な案件、上司など他の人がその情報を待っているような案件は、**差出人や件名などから判断**し、それを優先的に読み、転送などの次なる作業を迅速に行なえると良いでしょう。

ステップアップ メールの読み方（応用）

①未開封マークをつける
それがひと目でわかるようにマークがつくように設定します。対応が終わるまで未開封マークをつけておけば、仕事のミス防止にもつながります。

②逆読み
時間が経っていない直近のメールから開封します。受信したばかりのメールへの対応を優先した方が返信を待っている人に好印象を与えられるかもしれません。ただし、時間が経っている未対応のものを放置しないように要注意。

Q 返信はいつまで？
すぐに返信できないときはどうすればいい？

A 返信は早ければ早いほど好印象。すぐに対応できないときは「明日回答します」だけでもOK！

返信は早ければ早いほど良いものです。トラブルもなくなりますし、あなたの評価も上がります。メールのやり取りは、ビジネスの一環です。迅速、スムーズに進むほど、取引や契約も早く進み、結果もすぐに表れるでしょう。

とは言え、いつでもすぐに対応できるわけではありません。仕事の内容にもよるでしょうが、**できれば24時間以内（遅くとも48時間以内）**には返信したいところです。この期間内に返信できないときは、まず最低限のマナーとして、次の手順で対応できると、返信を待つ人も安心です。

メールにすぐに対応できないとき

STEP 1	できれば24時間以内（遅くとも48時間以内）に次の2つを伝える ・メールを受信したこと ・詳細は後日、改めて返信すること

STEP 2	後日、改めて返信し、用件に答える

また、かなり重要な内容の場合、取り急ぎ、電話で受信をしている旨を伝えましょう。そのとき、返信内容を伝えも良いですし、いつ返信できるのかを伝えて、仕事を進めてください。

Q どのメールから返信すればいい？
A 返信も基本は時系列。
緊急度・重要度から優先順位をつけられると◎

基本は、時間の経っているものから順に返信をしていくのがマナーです。時系列に一通一通対応していくことで、返信漏れも防げて、ビジネスメール初心者には安全な方法です。

しかし、急ぎの案件など、優先順位が高い内容に関してはその限りではありません。まずは、**未読メールに一通り目をとおします。差出人や件名から緊急度・重要度を把握し、優先順位の高いものから確認、返信**できると、さらに良いでしょう。

瞬時に判断すること、スピーディーにメールを書く力も、円滑なビジネスメールのやり取りにとって欠かせないものです。

ステップアップ 返信の順位（応用）

①優先順位の高いものから
未読メールに一通り目を通したら、差出人や件名などから優先順位を考え、返信していく。

②受信したばかりのものから返信
緊急・重要なものがない場合、直近のメールから返信するのもひとつの方法です。受信してから返信までの時間が短いと、好印象を与えられるかもしれません。
※ただし、時間が経っている未読メールをそのままにしないように要注意。

Q 返信するときの件名はどうする?
A 返信内容に合わせた対応を!
「Re:」の表示にも配慮する。

メールのやりとりの中で、不快に感じるポイントとして「件名の書き方」を指摘する方も多いようです。**返信時の件名は、その内容に応じて、都度、書き直すのがマナーある対応**といえます。

ただし、どの内容に対しての返信かを明確にするためにも、**相手が書いた件名は削除せずに、自分の用件を書き加える**と良いでしょう。たとえば、こんな具合に、もともとの件名の前に「御礼／」など、伝えたい内容を追加することで、あなたの心配りが伝わります。

返信時の「件名」への配慮

受信時　件名: 商品お届けのご案内

↓

返信時　件名: Re: 御礼／商品お届けのご案内

返信の場合、自動的に件名に「Re:」と表示されます。やりとりが続いて「Re:Re:Re:Re:」のように「Re:」が続くと見にくいので、**「Re:」は1つだけ**にしましょう。

また、同じ人に対して別件であらたなメールを作成し連絡する場合は、「Re:」は削除し、新たな件名を書きます。**返信と新規のメールを区別**できると、後で見返したり、メールを整理をするときに役立ちます。

Q 返信するときメールの履歴は残した方がいい？
A 内容を振り返れるように残すのが基本。
全く別の内容に変わっている場合は消しても OK！

　受信したメールに返信する場合、受信した内容（履歴）が残るのが一般的です。この**履歴は消さずに残すのが基本**です。なお、履歴は行頭に「>」などの印が付きます（メールソフトによって表示が違うことがあります）。

　多くのメールをやり取りしていると、自分で送ったメールでもどんな内容を書いたかすぐに思い出せないときもあります。返信を受けても、「何のことだったかな…」と思って、送信メールを見直すのは面倒ですね。そんなときに自分が送った内容が**履歴として残っていると、どんな用件だったか、どんなやり取りをしていたかがわかり、とても便利**です。やり取りが続くと履歴が長くなってしまうこともありますが、同じ用件についてのやり取りであれば、履歴は残すのが基本です。

　ただし、**別の用件に変わった場合は、件名も別のものに変え、履歴を残さなくても良い**でしょう。

件名：Re: 御礼／新商品発表会の打ち合わせ日程のご連絡

(返信内容を書く)

>受信日時：20XX 年 1 月 10 日　13:05:54
>宛先：株式会社 ERH 山田恵美子様 <emikoy@××.co.jp>
>送信元：ウイズ_小黒淳子 <ogumama@××.com>
>件名：新商品発表会の打ち合わせ日程のご連絡
>山田様、いつも大変お世話になっております。

｝受信したメールの履歴

Q 「CC」で送られてきたメールも返信する？
A 自分宛のメッセージがなければ基本は返信不要。迷う場合は相談を！

「CC」で送信されてきたメールは、基本的には、返信はしなくても大丈夫です。ただし、**本文中に、あなたへのメッセージなどがある場合は返信する**と良いでしょう。

判断に迷ったときは、上司や先輩、同僚などに返信したほうが良いか、相談すると安心です。勝手な判断やそのときのノリで軽率な行動をとらないように、注意してください。

Q 「全員に返信」ってどういうときに使うの？
A 関係ない人にまで返信がいかないよう配慮を！

「全員に返信」ボタンは、文字のごとく、「TO」か「CC」でメールアドレスが公開されている人たち全員に対して、返信をすることです。たとえ「CC」に入力されている人と面識がなくても、返信時にはそのまま送信するのが普通です。

なお、この機能は、**送信者だけではなく「CC」に入っている人にも内容を知らせたいときにのみ使う**ようにしましょう。関係ない用件まで「CC」に入っている人にメールがいかないよう配慮が必要です。中には、一度に100人以上の人を宛先にしたメールがやり取りされることもあるので、注意しましょう。

Q 引用ってなんだ？どういうときに使えばいい？
A 相手の文章をそのままコピーして利用する機能。便利だけど使いすぎに注意！

「引用」とは、返信する際に、**受信したメールの一部分をそのままコピーし、返事の一部として利用する機能**のことです。相手の文章を適切に利用することで、元のメールにどのような内容が書かれていたかを、その都度参照しなくてすむ上、相手の文章のポイントごとに返事を書くのにも適しています。

ただし、すべて引用してしまうと、全体が長くなり、読みにくいメールになってしまいます。したがって、**必要な箇所のみ引用して返信するのが効率的**です。引用部分や返事が長くなってしまう場合は、見出しをつけて、相手が見やすく、読みやすくなるような工夫も大切なマナーです。

また、**引用は、元の文章の内容を変えない**のがルールです。

まとめ 引用のポイント

- 相手が書いてくれた文章をそのまま使用できるので、自分で入力する必要がなく、便利な機能
- 引用は、元の文章の内容を変えないのがルール
- 必要な箇所のみ引用する（すべて引用するのはNG）
- 引用に対する返事を書く際には、☆印などで自分の返事を示すと区別がつきやすく、わかりやすい

件名： Re:10月お打ち合わせ日程の件

東京パートナー事務所
浅野亜紀様

浅野様、いつも大変お世話になっております。
ウイズの斎藤です。

早速のご返信、ありがとうございます。
お打合せの日程は、

>10月25日(木)13：30からでお願い致します。

> 引用文は、返信時、受信メールの履歴から該当部分をコピーします。引用とわかるよう「>」の表示があると便利です。

　☆かしこまりました。

>9月分の書類一式は、お打合せ時にご用意いただけますと
> 幸いです。

　☆はい。かしこまりました。
　　用意いたします。

引き続き、宜しくお願い申し上げます。

(以下、署名と履歴が続く)

Q 転送ってなんだ？どういうときに使えばいい？
A 発信元の情報にはくれぐれも注意！
　転送の意図はハッキリわかるように伝えよう。

　転送とは、**受信したメールをそのまま第三者へ送信すること**です。メールでは、それが転送用であることがひと目でわかるように、引用時と同様に、転送箇所の行頭に「>」などの印が付きます（メールソフトによって表示が違うことがあります）。

　また、件名には「Fw:」マークがつきます。この記載があるとひと目で転送であることがわかります。特に理由がないかぎりは「Fw:」マークをつけたまま送信するのが良いでしょう。

　転送時に気をつけたいのは、**発信元の情報**です。

　転送するメールには、それを送信してきた送信者のメールアドレスや氏名、送信日時が表示されます。基本的には、発信元の送信者には、転送しても良いか、その際、どこまでの情報を開示しても良いかなどを確認し、許可をもらった範囲内で転送しましょう。転送先に情報を伝えると**問題が発生する可能性があるときは、送信者の情報は削除をする**ことを忘れないようにします。

　なお、転送するときも、**受信した文章を書き換えることなく、そのままを送信**します。また、転送する相手には、**どんな情報で、なぜ転送するのかという理由を、きちんと書き添える**ことが、転送メールの大切なマナーです。

From:	ウイズ_阿部真人 <mabe@××.com>
To:	株式会社マナコミ 斎藤裕子様 <yukos@××.co.jp>
件名:	Fw：打ち合わせの日程変更の件／かしこまりました
添付:	map.jpg

株式会社マナコミ
CS推進部 斎藤裕子 様

斎藤様、いつも大変お世話になっております。
ウイズの阿部です。

早速でございますが、マナー教育推進協会の松本様とのお打ち合わせが、下記のとおり変更となりました。

ご参考までに、マナー教育推進協会の松本様からのメールを転送いたしますので、ご確認いただければ幸いです。
…………………………
>阿部真人様
>いつも大変お世話になっております。
　（省略）
>松本 菊子

> 署名など、発信元の情報の取扱いに注意！問題がありそうな場合は、削除しましょう。

以上です。
斎藤様、何卒宜しくお願い申し上げます。

（署名省略）

メールコミュニケーションの困った

Q メールと電話、対面、手紙はどうやって使い分ければいい？

A 丁寧度は「対面 ＞ 電話」「手紙 ＞ メール」 場合に応じて適切な使い分けを！

お客様や取引先とコミュニケーションをとる際、さまざまなツールがありますね。そのため、どの方法で連絡をとれば良いのか、悩む人も多いようです。

マナーの視点で考えると、それぞれのコミュニケーションツールにも格が存在します。たとえば、**メールと手紙であれば、手紙のほうが上**です。**電話と対面であれば、対面のほうが上**となります。

コミュニケーションツールの格（丁寧度）

- 対面　＞　電話
- 手紙　＞　メール

目上の人にはより格の高い方法で連絡するのが原則ですが、時と場合によっては、メールでの連絡のほうがありがたいと思うこともあります。

大切なことは、**相手にとってもっとも心地よく便利で都合の良い方法でコミュニケーションをとる**ということです。それぞれの

メリットとデメリットをふまえ、その時々の状況に合わせて、上手に使いこなすことも、ビジネスパーソンとして必要とされる能力です。

メール、手紙、電話、対面の主なメリット・デメリット

	メリット	デメリット
メール	・瞬時に自分の都合の良いタイミングで送信できる ・相手の仕事の様子などを考慮せずに連絡できる ・送信履歴が証拠として残る ・一度に複数の相手へ送信できる ・他の方法と比べると低コスト	・情報セキュリティへの配慮が必要 ・すぐに読んでもらえるとは限らないので、緊急の用件には不向き ・手軽にやり取りできる分、重要な内容の連絡には不向き ※重要な連絡は手紙（特に内容証明など）が無難
手紙	・正式な文書として用いられている ※目上の人には手紙を使うのがマナー（ただし臨機応変に） ・先方に印刷の手間をかけさせなくて済む	・紙代、郵送代などのコストがかかる ・郵送に時間を要することもあるため、緊急の連絡には不向き
電話	・相手につながればすぐに伝えられるので、緊急の連絡に向いている ・文字だけでは伝わりづらい意図を直接伝えることができる ※メールを送信した上で、確認・フォローとして電話をかけると◎	・相手の都合がわからないので、仕事に割り込む可能性がある ・相手にすぐ連絡がとれるとは限らない
対面	相手の表情・態度を見ながらコミュニケーションをとることで誤解を招くことが少ない	双方の予定を調整し、出向くなど時間・手間がかかる

Q 複数の人にメールを送るとき、どんなことに注意すればいい？

A 「TO」「CC」「BCC」の使い分けは慎重に！宛名を配慮できるとさらに◎

一斉に多数の人へ同時に情報を配信できるのはメールの大きなメリットです。ただし、相手のメール環境によっては、一斉メールを受け付けない場合もあります。**全員に届くかどうか定かではない**ことを理解した上で、送信をしましょう。

その他、注意したいのは、どういうメンバーにメールを送るかです。互いのメールアドレスを知っているメンバーであれば、問題はありませんが、知らない人も含まれている場合は、第三者のメールアドレスが公開されないように、「BCC」欄を使用すると良いでしょう。誤って「TO」や「CC」に入れて送信をしてしまうと、大きな問題になることもあります。送信をしてしまってからでは取り返しがつきません。**メールアドレスの取扱には、厳重に注意**しましょう。

また、複数の人にメールを送る場合、「用件を対応して欲しい人」と「参考までに読んで欲しい人」がわかるように配慮できると良いでしょう。そのコツとして、本文中の宛名を次のように記載することがあります。こうすれば、誰にどういう意図で送ったメールか一目瞭然ですね。

From: ウイズ_小黒淳子 <ogumama@××.com>
To: 株式会社 ERH 山田恵美子様 <emikoy@××.co.jp>
CC: 株式会社 ERH 武藤俊輔様 <syunsukem@××.co.jp>
件名: 資料送付のお礼

株式会社 ERH
商品企画部　山田恵美子様
(CC：商品企画部　武藤俊輔様) ← 参考までに伝えたい人は（CC：○○様）と書けると親切です。

山田様、いつも大変お世話になっております。
ウイズ商品開発部の小黒です。

資料のご送付、誠にありがとうございました。
先ほど御社　武藤様が、弊社にお届けくださり、
確かに受領いたしました。

おかげ様で本日の会議に間に合わせることができたこと、
心よりお礼申し上げます。

ひとまずお礼のみで失礼いたしますが、
今後とも宜しくお願い申し上げます。

****
ウイズ株式会社 商品開発部 小黒淳子
〒123-4567　東京都港区南青山○-○-○
TEL：03-1234-5678
FAX：03-1234-5679
URL：http://www.xx.com
Email：ogumama@××.com

Q 用件が2つ以上あるときはどうする?
A 1メール1用件が基本だが、臨機応変に。
2つ以上の用件があるときは件名に注意!

ビジネスメールは、**「1メール1用件」が原則**です。この原則に従えば、2つ以上の用件があるときは、用件ごとにメールを送ることになってしまいます。

全く別の内容を連絡する場合は、このように原則どおりの対応でも問題ありませんが、送るメールの数が増える分、受信者の読む負担が増えるという点には配慮したほうが良いですね。

中には、1つのメールで2つ以上の用件を伝えたほうが読みやすいこともあるので、**状況にあわせた臨機応変な対応が大切**です。

2つ以上の用件を1つのメールで伝える際、配慮したいのは「件名」と「本文」の書き方です。まず、「件名」は、「お打ち合わせの件／資料送付」など**2つの用件がひと目でわかるように**したいですね。また、「本文」は**用件ごとに見出し**をつけましょう。

2つ以上の用件を1つのメールで送る場合

- 件名:用件が2つ以上あることがひと目でわかるようにする
 (例) お打ち合わせの件／資料送付
- 本文:用件ごとに見出しをつける
 (例) ■お打ち合わせの件
    ■資料送付の件

Q 用件が長くなってしまいそう…
A 無理に省略しようとするのはNG
　　どうしても長くなるときは相手にあわせた対応を！

　メールはできるだけ簡潔に書くほうが良いと言われており、**読みやすく、シンプルに伝えられるような配慮は欠かせません**。しかし、簡潔に書こうとし過ぎて書くべきことを省略すると、誤解を招いたり、無礼な印象を与える可能性もあるので、注意が必要です。

　用件が長くなってしまいそうなときは、まず、**長文のメールを最後まで読んでくれそうな相手かどうかを判断**します。

　最後まで読んでくれそうな相手であれば、件名や冒頭に**「長文失礼いたします。」**と記すことがマナー。

　最後まで読んでくれるかわからない場合は、「メールにすると長くなってしまいますため、ご迷惑をおかけするのではないかと懸念いたしております。つきましては、差し支えなければ、お電話かお目にかかってお話をさせていただく機会を頂戴できますと幸いに存じます。」という内容をメールすると良いでしょう。その**返答を待ってから、相手の希望に沿った形で用件を伝える**ようにしましょう。

　また、55ページのように、**内容によっては添付ファイルを活用する**こともできるでしょう。

　大切なことは、**相手中心に考え、相手が望むコミュニケーションの取り方を選ぶ**ことです。一方的にコミュニケーションをとるのではなく、あくまでも主役は相手であることを忘れずに、メールを送信する相手に対して敬意ある姿勢を表現してください。

Q メールを送ったのに返信がない…どうすればいい?
A まずはもう一度メールを送る、
それでも返信がなければ電話。
相手を責めず、丁重な対応をしよう!

「メールを送信したのに返信がない」こんな経験をしている人は多いかもしれません。まず、ビジネス以外の場合は、メールや手紙、電話も含めて、返信や折り返しがなくても、それが当然である、というくらいの気持ちでいたほうが楽です。

もちろん、ビジネスメールとなれば、返信しないのはマナー違反となりますが、現実問題として、わざとかどうかにかかわらず、返信がないことはあるようです。

このようなときの対処法を次にまとめましたので、参考にしてみてください。なお、送信者は返信がなくても深く気にする必要はありません。相手に配慮しながらも、そこまで気にせずに現状を確認し、話を進めるようにしましょう。

メールに返信がないときの対応法(基本)

① メールが届いているかどうか、確認の連絡をする
　※メール文例は 148 ページを参照
② それでも返信がない場合は、確認の電話をかける
　※相手を責めるような言い方ではなく、丁重に伺うことがポイント

Q 「返信なし」を防ぐコツって？
A 対応の工夫でもっとスムーズになる。
　返信のデッドラインを示すことが大切！

　ビジネスメールのやり取りで、メールをしたのに「返信がない」というトラブルはしばしば起こります。トラブルが起こってから対処するのではなく、事前に防げるようになるとさらに良いですね。

　なお、送信したメールは、すぐに読んでもらえるとは限りません。返信の催促はその返事をもらわないと仕事が進まないときに行うものと考えましょう。

　大切なことは、**「いつまでに返事が欲しい」とデッドラインをはっきりと示す**ことです。これがお互いにとってプラスの結果を生むポイントです。

ステップアップ シーン別「返信がない」トラブル対処法

①緊急の返事を要するとき
→メールを送信した後に電話をかけて「緊急」である旨を伝え、相手から即返事をいただけるようにお願いする

②緊急ではないけれども、2〜3日以内には返事をもらいたい
→返信期限をメールの一文として記載する

(例) 件名「【返信願】○○の件」「【×月×日返信〆切】○○の件」

※期日を過ぎても返信がないときは「【再送 _ 要返信】○○の件」という件名で再送信した上で、電話をかけてメールを送信したことを伝え、返事をいただけるようにお願いする

Q メールの返信をすっかり忘れていた！
A 気づいたら、即、返信を！
言い訳は無用、必ずお詫びのひと言を添える。

ビジネスメールは返信するのが最低限のマナーです。しかし、「うっかり忘れてしまった」というのは、よくある話です。

返信のし忘れに気がついたら、即、返信するようにします。

時には、送信者から催促があって、はじめて気づくということもあるかもしれません。このときは、言い訳を書く必要はありません。**返信が遅くなったことに対して、必ずお詫びのひと言を記載**します。場合によってはメールとあわせて電話を使ってお詫びを伝えるのも一手です。

素直にお詫びの言葉を伝えれば、相手も受け入れてくれるはずです。

なお、お詫びの言葉は、「挨拶」の後すぐに書くようにしましょう。

ステップアップ「返信が遅れたとき」のお詫び例

- 「この度は、お急ぎの中、返信が遅くなり、大変失礼をいたしました。」
- 「この度は、お急ぎの中、返信が遅くなりましたことを、心よりお詫び申し上げます。」
- 「この度は、早々にご連絡を頂戴していた中、こちらからの返信に時間を要しましたことを、申し訳なく存じます。」

Q 受信したメールの内容がよくわからなかった
A 素直に質問するのがいちばん。
ただし言い回しに要注意！

メールは、言葉のコミュニケーションです。伝えたつもりでも、受信した側は「メールの内容がよく理解できなかった」ということも起こり得ます。そういうときは、**自分勝手に判断せず、質問すること**が大切です。

ここでの注意点は、**聞き方、言葉の言い回し**です。どんなに相手のメールがわかりにくい文章だったとしても、**相手に恥をかかせない配慮が必要**です。たとえば、下記のような文章で、その内容を再度伺うようにします。それでも内容が理解できない場合は、電話で確認します。

> ○○様、ご多忙の中、誠に恐縮でございますが、
> 昨日お送りくださったメールの内容につき、
> その流れと詳細を再度ご教示いただけますと幸いです。
> ご面倒をおかけし、申し訳なく存じますが、
> 何卒宜しくお願い申し上げます。

自分では伝えたつもりが違った意味として捉えられていたり、誤解を招いたり、その内容や意味を理解してもらえないときもあります。これを防ぐのが、文末に**「何かご不明点等ございましたら、遠慮なくお申し出下さいますよう、お願い申し上げます」**などの一文です。あらかじめ自分から申し出ておくことで、問い合わせしやすくなる効果もあるでしょう。

Q メールの相手を怒らせてしまったみたい…
A まずは上司・先輩に相談！
メールでも、電話でも、誠心誠意お詫びを。

ちょっとした言葉遣いや相手に対する配慮不足に対して、相手が不快に感じたら、それがクレームとなって還ってきます。もし自分が送信したメールに対して、メールでそのクレームを伝えられたら、**まずは上司・先輩に相談**します。あなたへのクレームは会社へのクレームと同じです。自分勝手な判断をしないことが大切です。

その上で、メールや電話、時には訪問などによりクレームに対応していくことになります。

いずれにしても、**お詫びと今後はこのようなことがないようにすることを、誠心誠意こめて伝えます**。このときに大切なことは、**言い訳となるようなことは一切言わない**ことです。謝罪の気持ちを伝えること、これがまず大切なことです。

クレームへの謝罪をメールで送る際は、以下の文例を参考にしましょう。

○○様、このたびは、私の配慮が足りず、
○○様を大変ご不快にさせてしまいましたことを、
ここに深くお詫び申し上げます。
(中略)
○○様、今後はこのようなことがないようにいたしますので、
ご容赦いただけますでしょうか。
どうぞ今後ともご指導を賜りますよう、宜しくお願い申し上げます。

Q 間違ったメールを送ってしまった
A よくある「書きかけメール」の送信に注意！
   ミスしてしまったら迅速な対応を。

　メールは、送信ボタンを押すだけで、瞬時に送られます。これは、大変便利なのですが、時にはミスを招くこともあります。

　よくあるケースが、**「書きかけのメールを送ってしまった」**というミスです。これを防ぐための対策の一つとして、内容を書き終え確認した上で、**送信ボタンを押す直前に宛先を入力する**と良いでしょう。なお、返信時の誤送信が心配な人は、**最初に宛先のアドレスを削除してから本文を作成する**ことをお薦めします。

　万が一、誤送信をしてしまったときは、**即、相手に対し、お詫びと削除のお願い**をメールします。正直で迅速な対応が、その後の信頼関係へつながります。

○○様、大変申し訳ございません。
先ほど、私から送信されたメールでございますが、
誤って送信したものでございます。申し訳ございません。

後ほどあらためて、メールをお送りいたしますが、
まずは、誤送信のお詫びと、大変お手数をおかけし申し訳なく存じますが、
先のメールの削除をお願いできますと幸いに存じます。
宜しくお願い申し上げます。

Q 届いたメールの内容が間違っていた
A メールや電話で連絡！
ただし、言い回しや連絡方法に注意する。

　受信したメールを開封したところ、宛先の入力ミスなどによって、その内容が明らかに他者に対するものであることもあります。もしも、あなたが宛先違いのメールを受信したら、差出人に対して、次のような連絡をすると良いでしょう。

○○様、いつも大変お世話になっております。
早速ですが、先ほど、下記のメールが届きました。
誠に恐縮ながら、こちらは誤送信かと思われます。

私はこちらのメールをすみやかに削除いたしますので、
念のためご確認いただければ幸いです。　　　　　　　ミスを指摘するのではなく、確認を仰ぐような配慮がポイント！

何卒宜しくお願い申し上げます。

　なお、メールではなく、**直接その本人に電話をかけて連絡するのも良い**でしょう。会社によっては、一つのメールアドレスを複数人で共有していることもあります。誤送信した本人の立場を考えたときには、そのミスが多くの人に伝わらないような配慮も必要です。

　こういった一つひとつメールに関するトラブルへの対応は、相手の立場にたった思いやりの心の表れです。「自分だったらどうしてほしいか」を考え、丁寧に対応していきましょう。

社内メールの困った

Q 社内メールってどんなときに使えばいい？
A 業務上の連絡、報告などに使用する。
ただし、メールに頼り過ぎない工夫も大切！

社内メールは、社内の人に対して、主に**業務上の連絡や報告を行なうときに使用**されます。

自分にとって都合の良いタイミングで送れて、文字として形に残るというメリットから、社外メール同様、社内メールも業務上欠かせないものとなっています。

とは言え、「隣の席の人に対しても、メールで連絡・報告する」というのがいつでも適切とは限りません。**理想的なコミュニケーションは、「口頭＋メール」**でしょう。まずは口頭で「○○さん、お仕事中、申し訳ありません。今、お時間宜しいですか？」と相手の都合を確認した上で「明日の会議が9時からに変更となりました。念のため、この件をメールしておきます」といった具合です。

70ページでもお伝えしたとおり、メールや対面、電話など、どの方法を用いてコミュニケーションをとるかは、**相手の意向やその内容によって、臨機応変に判断する**ものです。相手の立場にたつ、これは「こういうときにはこうしなければならない」と言い切ることが難しい面もありますが、タイミングや用件から**「どういう方法で連絡があると相手は仕事をしやすくなるか？」**を、自分なりに考えて行動できるようになると良いですね。

Q 社内メールには何を書けばいい？
A 挨拶→本題→「宜しくお願いします」が基本！
「ください」言葉に注意しよう。

　メールの書き方のルールは、社外宛・社内宛、どちらも基本的には同じです。しかし、社内メールは社外メールよりも簡素であっても良いと言えます。たとえば、「お世話になっております。」などは不要です。

　とは言え、挨拶や「宜しくお願いします。」などまで省略する必要はありません。朝10時30分までは**「おはようございます。」**、それ以降の時間帯は**「お疲れ様です。」**の一文から始めます。また、**「○○部長、おはようございます。」**と、相手の名前を呼びかけたのちに、挨拶の言葉を続けると、さらに丁寧さが増します。

　挨拶を記したら、本題に入ります。ここで気をつけたいのは、「ください」という言葉です。たとえば、「見積書を12時までに持って来てください。」と書くと、相手に対して指示命令をしていることとなり、受信した人は、プラスに感じることはないでしょう。せめて「見積書を12時までに持って来てください。**宜しくお願いします。**」と、お願いのひと言を伝えましょう。

　また、もっと丁寧でマナーのある書き方を次のページで紹介します。

　仕事がデキる人は、どんなに忙しくても、相手のことを思いやり、丁寧なメールを作成、送信しています。**社内の人に対しても礼を尽くせる人は、社外の人にも同様、またはそれ以上に礼を尽くすことができると評価をされる**はずです。

同僚や先輩へのメール

○○さん、お疲れ様です。
　※相手の名前＋挨拶

忙しいところ申し訳ないのですが、
　※クッション言葉

△会社宛の見積書を、12時までに持って来てもらえますか？
　※質問形にする。「ください」言葉に注意

宜しくお願いします。
　※お願いのひと言を忘れずに

上司へのメール

○○部長、お疲れ様でございます。
　※相手の名前＋挨拶

ご多忙の中、恐縮ですが、添付のとおり、
　※クッション言葉

△会社宛の見積書をご確認いただけますでしょうか？

　　or

△会社宛の見積書をご確認いただけますと幸いです。
　※質問形もしくは「幸いです」で言い切る
　　中には質問形を嫌う人もいるので注意！

宜しくお願い申し上げます。
　※お願いのひと言を忘れずに

Q 社内メールにも敬語は必要？
A 親しき仲にも礼儀あり！
　目上の人へのメールには必ず敬語を

「親しき仲にも礼儀あり」です。特に、**目上の人にメールを送信をするときは、必ず敬語で書く**ようにします。敬語は相手を敬う気持ちを言葉で表現するものです。社内、社外に関係なく、目上の人に敬意を表することは、社会人としての基本です。

　一方、**目上の人が目下の人に送信する場合は、相手との関係、距離感によって、多少の使い分けができると良い**でしょう。信頼関係が出来上がっている関係であれば、後輩に対して「○○さん、明日の会議の準備、よろしく！」という具合にくだけても問題はないでしょう。一般的には、「○○さん、お手数ですが、明日の会議の準備、宜しくお願いします。」という程度の丁寧さは心得ておくべきです。

Q 社内メールを書くポイントって？
A 効率、受信者への配慮、公私混同に注意しよう

　社内メールには、イベントなどの告知もあります。参加の可否について問う内容のときは、その返信期日がわかるような件名をつけられると良いでしょう。

　なお、「今日のランチは○○屋で！」「今夜の飲み会、楽しみだね！」など、**業務以外の連絡は、会社のPCやメールアドレスを使用しない**こと。会社によっては、社員のメールの内容をチェックしている場合もあります。会社の備品は、あくまでも仕事に関わることに使用しましょう。

Q 「さん」「様」「殿」「部長」、敬称はどうすればいい？
A 基本の形「肩書き＋名前＋様」を覚えよう

　社内メールにも敬称は必要です。たとえば、部長宛のメールであれば、「鈴木部長」となります。肩書きがある人の場合は、正式には、**「肩書き＋名前＋様」**となるので、社内メールでも、冒頭にはこれらを書くのが基本のルールです。
「殿」は、目上から目下の人に向かって、または、公文書に使用する敬称です。社内メールでは使用しません。

　なお、近年、「鈴木部長」のような役職での呼び方を廃止し、全員に対して「さん」付けで呼ぶ会社も増えてきました。こういったルールがある場合、「目上の人に対する敬意は決して忘れてはいけない」という基本を踏まえた上で、会社のルールに従って**「さん」付け**をします。
　また、社内の多くの人向けに送信する場合は、**「各位」**とします。「各位」が皆様へ向けた敬称となるので、「各位様」などとするのは NG です。

社内メールの敬称

- 部署名＋肩書き＋名前＋様
  (例) 人事部
　　　部長 荒木様
- 本文中は「肩書き呼び」または「さん付け」
  (例) 荒木部長、大変お疲れ様です。
　　　荒木さん、大変お疲れ様です。

Q 上司からメールで注意されたとき、どうすればいい?

A 注意してもらったことへの感謝の気持ちを表現しよう

メールは、言葉を文字で表現するコミュニケーションです。それ故に、クレームや注意などは、口頭で言われる言葉よりも、辛く厳しく感じることもあります。

したがって、それを伝える側も、細心の注意をはらってメールを書かなければなりません。

人は誰しも注意をされて良い気分にはなれませんし、注意をする側も同様でしょう。

注意する人の立場にたってみましょう。忙しい中、わざわざメールを書く時間を割いてまで注意をするのはなぜでしょうか。注意メールを書く時間と労力があれば、上司・先輩はその分、他の仕事ができます。あなたの今後の働きに期待しているからこそ、わざわざ注意のメールを書いてくれたのです。

そうやって**労力をかけてまで注意・指導をしてくれる上司・先輩に対して、感謝の心を養ってください**。そうすることで、きっと一歩も二歩も成長し、ビジネスの鉄則「WIN-WIN の関係」を築けるようになるでしょう。

なお、注意のメールを受信したら、まずは忙しい中、注意をしてくれたことに対してお礼を伝えます。そして、それを書く手間をかけたことに対するお詫びを伝えます。続いて、実際に注意を受けることになったミスに対するお詫びを伝え、今後はこのようなことのないように宣言をします。83ページのように、「口頭＋メール」で気持ちを伝えられると理想的です。

件名：昨日のメールの件

○○課長

このたびは大変ご多忙の中、
私へ忠告メールを書いてくださり
誠にありがとうございます。
　※まずは指導に対するお礼を。誰かに指導してもらえることは貴重なことと心得ましょう。

また、このようなお時間をとらせてしまったことを、
心よりお詫び申し上げます。
申し訳ありません。
　※お礼を述べた上で、メールを書く労力をかけさせてしまったことへのお詫びを

今回ご指摘をくださった内容につきましては、
すべて私のミスでございます。
大変申し訳ございませんでした。
　※ミスに対する反省、お詫びの気持ちを

今後はこのようなミスをしないよう、
意識を仕事に集中いたします。
　※「今後はこのようなことがないように」という宣言で締めくくります

また、課長や会社にご迷惑をおかけしないよう、
努力致しますので、どうか今後ともご指導のほど、
宜しくお願い申し上げます。

その他、とにかく困った

Q 携帯電話とパソコン、どちらにメールを送ればいい？
A 緊急時や希望があった場合以外はパソコンへ。メールを送る時間帯にも注意！

ビジネス上のメールは、**基本的にはパソコンのメールアドレスへ送信**をします。名刺欄に携帯電話・スマートフォンのメールアドレスを記載している方も多いようですが、その場合も、基本はパソコンのアドレスへ送信するようにします。**携帯電話・スマートフォンは緊急時や相手から希望があった場合のみ**と使い分けるようにしましょう。

「どちらにメールを送った方がいいか？」「本当に携帯電話のメールアドレスに送信しても良いのか？」など、少しでも不安に感じることがあれば、上司や先輩にその旨を伝え、相談し、その都度指示を仰ぐのが良いでしょう。

また、**会社のパソコンのアドレスから携帯電話・スマートフォンなどにメールを転送している人もいます**。「メールは何時に送信しても良い」と思っている人も少なくありませんが、こういった転送システムを使っていると、受信時に呼び出し音が鳴るケースがほとんどです。夜中や早朝などに呼び出し音を鳴らしてしまったら、迷惑になってしまいますね。このように、**送信する時間帯にも配慮する**ようにしましょう。

Q 携帯電話にメールを送るとき、どんなことに注意すればいい？

A 送信時間は午前9時～午後9時。
レイアウトにも注意する。

まず、前のページでもお伝えしたとおり、送信時間への配慮は必須です。一般的には**午前9時から遅くても午後9時まで**です。

また、携帯電話の画面は小さく、パソコンより読みにくいものです。そのため、長文を送信するのは控え、ビジネス上、**必要最低限の情報を伝える手段として活用する**と良いでしょう。

パソコンから携帯電話へ送信するときは、受信者が読みやすくなるよう、レイアウト上の注意も必要です。携帯電話へ送信するメールは、**一文の途中で改行しない**ようにし、左から右の1行にすべての文字を打ち込みます。また、**段落を変えるときは、一行空けて左端から書き始めます**。

件名：**11/27 お打ち合わせの件**

吉田様
お世話になっております。マナコミ商事の阿部です。
明日 11/27 のお打ち合わせの件ですが、直前で恐縮ですが時間変更をお願できればと存じます。13 時の予定でしたが 30 分ほど時間を早めさせていただければと存じますが、ご都合いかがでしょうか？ご検討よろしくお願いいたします。

マナコミ商事　阿部
TEL：03-1234-5678 　　〉署名も必要最低限の情報のみにする

Q 初めて連絡をとるとき、注意した方が良いことは？
A どのケースでも信頼感がポイント。
連絡の経緯を必ず明記しよう！

メールを通じて、初めて連絡をとるケースは、

1　名刺交換したのち、初めてメールを送信する場合
2　紹介を受けて、面識はないがメールで最初の挨拶をする場合
3　面識なくインターネットから突然のコンタクト

の3つが考えられます。

それぞれのパターンについて、共通して注意をすることは、冒頭の挨拶です。

詳しくは次のページで解説しますが、**どのような経緯でメールを送信することになったのかを明記していく**ことがポイントです。初めての相手にメールを送信するときには、十分な挨拶と、相手に安心感をいだいてもらえるよう、その経緯と自己紹介を書くことがマナーです。

また、本題はすべて伺い調で、相手優先の姿勢を言葉で表現するようにしましょう。

なお、「3. 面識なくインターネットから突然のコンタクト」の場合、特に目上の人に対する連絡などは、メールよりも手紙が好まれることもあるようです。ここでも、相手に応じた手段を使い分けられると、さらに良いですね。

ケース別:初めて連絡するときの注意点

①名刺交換をしたのち、初めてメールを送信する場合
→いつ、どこで知り合い、名刺交換をしたのかを明記する

(例)「○○様、この度は大変お世話になっております。
昨日の△△の会にて、ご挨拶させていただきました、
マナコミの斎藤と申します。」

②紹介を受けて、面識はないがメールで最初の挨拶をする場合
→誰からの紹介なのかを明記する

(例)「○○様、はじめまして。
この度、△△会社の佐藤様よりご紹介いただき、
ご連絡をさせていただいておりますマナコミの斎藤と申します。

「○○様、はじめまして。
この度、弊社営業部の馬場より紹介を受け、
ご連絡をさせていただいております企画開発部の斎藤と申します。
いつも馬場がお世話になり、ありがとうございます。」

③面識なくインターネットから突然のコンタクト
→最初に失礼をお詫び、自己紹介、連絡の経緯を明記する

※ただし、目上の方へ依頼をする場合などは、メールよりも手紙を送ったほうが良いケースもある

(例)「突然のメール、大変申し訳ございません。
私は○○を取り扱っております、△△会社の××と申します。
御社のHPを拝見し、誠に不躾ながら、ご連絡差し上げますことを、ご容赦くださいますよう、お願い申し上げます。」

Q 「開封確認」「重要度」「文字の飾り」…
　メールの機能って自由に使っていいの？

A 「開封確認」は必要に応じて。
　「重要度」「文字の飾り」は原則使わない！

　メールには、様々な機能がありますが、中にはビジネスメールには使用しないほうが良い機能もあります。

　まず**「開封確認」**です。**容量が重たい資料を送付するときは、開封確認をしたほうが良いでしょう**。しかし、**一般のメールにおいては、利用を控えるべき**です。なぜならば、この機能を不快に感じる人が多いからです。

　メールのメリットの一つに、「相手の仕事を中断させることなく連絡できる」など、相手の時間・自由を尊重できることがありました。そこに「開封確認」のような制限がつくと、マイナスの印象を持つ方が多いようです。

　「重要度」にも同じことが言えます。重要度を示すと、数ある受信メールの中で目立たせることができます。しかし、この「重要度」は、**「一方的で自己中心な印象を受ける」**という方が多いようです。
　「重要」というのは、自分が重要と思うだけで、相手にとっても重要なのかどうかはわかりませんね。くり返しになりますが、**相手の気持ちを考えてメールを送信することが大切**なのです。

　また**「文字の飾り」**も不要です。飾りをつけると「文字化け」してしまうことがあります。**テキストのみで、シンプルで読みやすく、後で検索しやすいように**書きましょう。

Q 「返信不要」とあるメールは本当に返信しなくてもいい？

A 相手との関係、考え方を察した上で判断しよう！
なお、送信時は使わない方がベター。

　基本的に「返信不要」と書かれてある場合は、返信をしなくても良いでしょう。しかしながら、これも人によってその受け取り方が様々であるため、相手との関係、相手の考え方を察した上で、判断する必要があります。

「返信不要」と記載するのは、主に、「返信の手間をかけさせないように」とする相手の配慮です。この相手の気持ちを慮れば、返信をしなくても良いことになります。一方で「返信不要」と書いたものの、送信者はメールが届いたのかどうかなど、気になることも否めません。そこで、受信者は**「メールありがとうございます。また、返信不要とのお気遣いも重ねて感謝いたします。」**とひと言を返信するだけで、その後のコミュニケーションも円滑になるでしょう。

　マナーはお互い様です。お互いが相手の立場にたって、相手を思いやってこそ、そこにマナーは存在します。したがって、「返信不要」と書く側にもマナーが求められます。「返信不要」と書く場合は、書いた以上は、返信があってもなくても、相手に対してマイナスな感情を抱かないこと、そして、相手が返信をすべきか、しなくても良いのか、迷わせないことも大切なマナーです。

「返信不要」は、長年の信頼関係が構築されている仲だからこそ、トラブルなく通じ合えるもの。そのため、**よほどのことがない限り「返信不要」と書かない方が良い**でしょう。

Q コンピュータウイルス対策って必要?
A ウイルス対策もメールマナーの一つ!
感染が原因で深刻な事態を招くことも。

　ウイルスとは、コンピュータに被害を与える不正プログラムのことです。特定ホームページへのアクセスや、不審なメールを通じて感染し、メールなどを介して感染被害を広げます。

　放っておくと重要なデータの流出や損失など、**ビジネス上の深刻な事態**を招きます。一度感染をすると、社内・社外問わず迷惑をかけると同時に、業務に支障をきたします。これらの管理も、メールマナーのひとつです。きちんとした対策を日頃から講じることが必要です。

　日常で注意したい主なポイントを以下にまとめたので参考にしてください。

まとめ 主なコンピュータウイルス対策

- ワクチンソフト(アンチウイルスソフト)を使用する
  ※ワクチンソフトがインストールされていても、ウイルスはすぐに耐性を高めてしまいます。頻繁にアップデート(更新)しましょう。
- 知らない人からのメールや添付ファイルは開かずに完全削除
- 知人からのメールでも、不審なものは電話で確認をする
- インターネット上で安易にプログラムをダウンロードしない
- HTML形式のメールのプレビュー画面にも注意
- 重要なデータは必ずバックアップを

Q HTML形式、テキスト形式、文字コードってなんだ？

A ビジネスメールはテキスト形式が基本。機種依存文字は使わないように！

　HTML形式とは、WEBページのように、HTMLタグを用いて、文字や絵を装飾できるメールの形式のことです。テキスト形式とは、通常のテキスト、すなわち、文字のみで構成されるメールのことです。通常、**ビジネスメールではテキスト形式を用いるのが一般的**です。

　また、文字コードとは、コンピュータなどの電子媒体において、文章を画像などの図形データとして扱わずに、テキスト形式で扱う場合に、その各文字（単一の文字でない場合もある）に対して持っているコードのことです。通常はメールソフト、ブラウザが自動判別します。

　文字コードの違いで機種依存文字があるというのは知っておきたいポイントです。**機種依存文字がメール中に入っていると、文字化けが起きてしまうので、使わないようにしましょう**。

機種依存文字（使用NG例）

- 丸つきの数字（① ② ③など）
- かっこつきの数字（⑴ ⑵ ⑶など）
- ローマ数字（Ⅰ Ⅱ Ⅲなど）
- かっこつきの漢字（㈱ ㈲など）
- 単位記号（㎝ ㎏ ㎎など）
- その他の記号（№ ℡ 〒など）

Q 丁寧に書こうとすると堅苦しい文章になってしまう…
A 堅苦しくても丁寧な文章は好印象！

「相手に失礼のないように、丁寧な文章を書く」これはメールのみならず、ビジネスで文章を書くときの基本ですね。そんな気持ちは、必ず相手に伝わるもの。堅苦しいか、そうではないかを感じるのは、受信者です。

少し意外かもしれませんが、堅苦しい文章は、決してマイナス評価にはなりません。むしろ、プラスに感じてもらえることのほうが多いでしょう。特に20代の若手ビジネスパーソンの場合は、堅苦しいくらいの文章のほうが、一所懸命さが伝わり好感を持ってもらえるかもしれません。

まずは**相手に対する敬意の気持ちをしっかりと持ち、誠実にメールを書くことが基本**です。これを毎日、続けることで、次第に文章の書き方も上達します。様々な仕事も同様ですが、数をこなしていくことで、成長していけるでしょう。

Q メールを書く時間を短縮させるコツって？
A 定型文＋気持ちをこめたひと言で効率も印象も UP

よく使う文章は、定型文をつくって利用できるようにすると時間短縮に繋がります。たとえば、請求書の送付方法など、絶対にミスがあってはならない内容は、「定型文」をつくることで、ミスの防止にもつながるかもしれません。

さらに、**その定型文に気持ちをこめたひと言を追加**したいところです。一見、無味乾燥に感じられる定型文の中に、自分に対する特別なひと言があれば、メールを読んだ相手の気持ちはプラスになるでしょう。

Q 英語圏の方にメールを送るとき、どんなことに注意すればいい？

A 日本語と英語のニュアンスや受け取り方の違いに注意。

英語でメールを送るとき、もっとも気をつける点は**日本語と英語のニュアンスや受け取り方の違い**です。伝えたいことが誤解されてしまっては、その後のコミュニケーション、ビジネスに支障を生じます。

「英語が苦手」「どんなことを書けばいいかわからない」という人もいるかもしれませんが、怖がらずチャレンジできるよう、まずは最低限の注意点を紹介します。

まとめ 英語でメールを書くときの主な注意点

- 英語と日本語の両方を記載する
  ※「私が伝えたいことを日本語で記します。万が一、間違った英文であった場合はご容赦願います。」との注意書きののちに、日本語の文面も明記。何かトラブルが発生したときに、英語で上手く表現しきれなかったための誤解であることを理解してもらうことができる。

- 日本語の直訳を避ける
  ※日本語は相手を思いやる気持ちから、ストレートな表現を避ける傾向にあるが、これを英語に用いると、相手にその意図が伝わらず、かえってトラブルになる可能性が高くなる。英語に不慣れな人ほど、ストレートかつシンプルに伝える。

- 「I（自分）」から始まる文章はなるべく避ける
  ※相手を主体にし、受動態で表現することで、英語が苦手な人であっても、マナーを表現することができる。

Q 英語でメールを書くとき、誤解されないコツってある?

A お互いがネイティブではないとき、特に注意が必要。

ひと口に英語でメールを書くといっても、その相手がネイティブであるとは限りません。お互いがネイティブでない場合には、さらなる注意が必要となってきます。前のページでもお伝えしたように、基本はストレートかつシンプルに伝えること。社内でのやりとりの場合は、一行目から用件を書くと良いでしょう。

また、文章でのやり取りは、日本語であってもその解釈の取り違いなどが起きます。英語など他言語であればなおさらです。そのため、感情に影響を与えるような文章は書かないほうが無難でしょう。万が一、不快に感じるメールを受信したら、「言葉の違いがあるから仕方がない」と思い、気にしないことです。

Q 英語でメールを書くとき、敬称はどうすればいい?

A 「san」と書いてくれたときの対応がポイント!

海外の方の中には、「Dear Hiroko-san」など、ローマ字でsan(〜さんの意)と書いてくれる人もいます。これは日本と取引をしているビジネスパーソンには知られている表現です。

敬称の基本はDear + Mr.(Ms.)+フルネームですが、もしも「san」と書いてくれた場合は、こちらも**「Dear Nick-san」**としても良いでしょう。なお、相手がDrやProfなどの肩書きをもっている場合は、敬意を表するため**「Dear Dr. Nick」**とするほうが無難です。肩書きの後の「.」はなくても構いません。

Q 英文メールには何を書けばいい？
A Subject、Opening、Body、Closing、Signature の5つがわかれば怖くない！

「英文メールは日本語を直訳しないことが大前提」というのは既にお伝えしましたが、構成は日本語のメールと同様に次の5つの要素から成り立ちます。以下でそれぞれの詳細を見ていきましょう。

英文メールの5つの要素

- 件名（Subject）
- 起句（Opening）
- 本文（Body）
- 結句（Closing）
- 署名（Signature）

件名（Subject）

日本語と同様で、相手にそのメールの内容がひと目でわかるような件名を書くことが大切です。

NG ❶「挨拶、名前」のみ

Subject : Hello from Hiroko（こんにちは。ひろこです）

OK ❶ 用件がすぐにわかるように

Subject : Change of my e-mail address（e-mail アドレス変更のお知らせ）

NG ❷ 質問形など文章の件名

Subject: Are you free for dinner today?（今日の夕食を食べる時間はありますか）

OK ❷ 伝えたいことを簡潔に

Subject: Request for appointment（アポイントメント依頼）

起句（Opening）

フォーマルな書き方は、**「Dear + Mr.（Ms.）＋フルネーム」**が基本です。しかし、もし**「Hi, Hiroko」「Hello, Hiroko」**とカジュアルに書いてきた場合は、それに合わせて**「Hello, Tomas」**と返信しても良いでしょう。

これも相手との関係性などに応じて、使い分けます。

本文（Body）

英語のビジネスメールでは、起句のあとはすぐに用件に入ります。相手に**簡潔に用件を伝えるということを第一**に考えます。ここが日本人の感覚との違いで、何となく不親切に感じる人もいるかもしれませんが、自分がどう感じるかよりも、相手がどう感じるかを考えて書きます。

ポイントは**結論を先に書き、理由はその後**に記すことです。たとえば、「明日、4月1日（月）の会議は9時から10時に変更となりました。理由は、9時に社長に来客のアポイントメントが入ったからです」という具合です。また、用件が複数ある場合は、重要な事項から優先順位を書きます。

結句(Closing)

書き出しがどんなにカジュアルであっても、本文のあとには次のような結びの言葉を用います。これは、日本語の場合と同じように、どんなに忙しく短いやりとりでも、欠かさないようにします。

Closing 例

- Best regards：主に知っている人に対して使用。
- Sincerely：少しフォーマルな結句。知らない人にも使用できる。

署名(Signature)

日本語のビジネスメール同様に、**氏名・会社名・部署名**などを記します。以下の記入例を参考にしてください。

```
*******************************************
Hiroko Nishide  氏名
Manager  役職
Manners Association  社名
6-2-9 Minami-Aoyama Minato-ku,Tokyo 107-0062  住所
Tel:+81-3-5413-7377  電話番号
www.manners-ring.or.jp    URL
hiroko@manners-ring.or.jp
*******************************************
```

第2部

今すぐ使えるビジネスメール資料集

第4章

今すぐ使える シーン別 文例50

お礼のメールのポイント

ポイント1　相手への感謝を伝えることが第一

　お礼の言葉は、いつ、誰から言われても嬉しいものです。お礼のメールは、**「相手に対する感謝の気持ちが伝わるように書く」**というのが基本です。

ポイント2　お礼はできるだけ早く

　忘れてはいけないのはメールのスピードです。**お礼のメールはできるだけ早く送る**ようにしましょう。たとえば、日中に面談をしてもらったら、帰社後、即、お礼メールとともに、面談内容、今後の展開、進行予定などを明記すると良いでしょう。これは、それらの内容を確認し合う意味においても有効です。

ポイント3　5W3Hを盛り込む

　お礼のメールは、お礼のみの内容でも構いませんが、ビジネスメールのひとつとして、**仕事につながるプラスαの情報**があれば、なお善しといえます。

　具体的には、お礼メールには、**5W3H**を盛り込みます。いつ、誰に、どこで、なぜ、何を、どのように、いくつ、いくらで行なってもらったことに対するお礼であるのかなどを明確に記載しましょう。**何に対するお礼なのかを具体的に示せると、「本当に感謝してくれているんだ」という気持ちが伝わる**ものです。このような一工夫によって、相手の心に響くメールとなります。

例文1　注文のお礼

件名：お礼＿「●●」のご注文

いつも弊社の製品をご利用くださり、
ありがとうございます。心よりお礼申し上げます。

この度も、弊社の新製品「●●」をご注文いただきまして、
誠にありがとうございます。
※注文後、できるだけ早めにメールを送ります。

「●●」は従来のものよりも性能が向上し、
ご利用になる方によって多様なカスタマイズが
可能となっております。
御社におかれましても、必ずやご満足いただけるものと
確信しております。

どうぞ末永くご利用くださいますよう
心よりお願い申し上げます。

なお、納品日時は、ご指定いただきました
○月×日（△）午前を予定しております。

ご不明な点がございましたら、
私、◆◆または◇◇部まで
お気軽にお問い合わせください。
今後ともご愛顧のほど、宜しくお願いいたします。

> 常連である場合は「この度は」ではなく「この度も」とする

> 問い合わせ先を明示できると親切！

例文2 打ち合わせのお礼

件名：打ち合わせのお礼

本日はご多用中にもかかわらず、
弊社までお越しくださり、誠にありがとうございました。
　※1

弊社の新サービスにつきまして、
◯◯様はじめ皆様から数々のご意見をいただき
大変参考になりました。
心より感謝申し上げます。

> 何に対するお礼かを具体的に書きましょう！

今後、皆様のご意見をもとに、
本サービスをさらに充実させていく所存です。
今後ともご指導、ご鞭撻のほど宜しくお願いいたします。

取り急ぎメールにてお礼申し上げます。

※1
言い換え例
- 相手に来てもらった場合……「ご足労くださり」
  ＊「ご足労いただき」としないよう注意！
- 自分が訪問した場合………「お時間をいただき」

例文3 贈り物のお礼

件名: ご恵贈 のお礼 ※1

平素より大変お世話になっております。

先日は弊社創立20周年式典にご来臨いただきましたうえに、
貴社特製のお品物をご恵贈くださり、
誠にありがとうございました。
社員一同、心より感謝しております。

今後ともなお一層のお引き立てを賜りますよう、
よろしくお願い申し上げます。

まずは 略儀ながら、メールにてお礼申し上げます。
　　※2

※1
「ご恵贈」…………宅配や郵送で贈られること。
＊「ご恵与」………直接手渡しで贈られること。

※2
贈り物をいただいたときのお礼は、メールではなく葉書か手紙を出すのが正式です。なお、葉書と手紙では、手紙の方がフォーマルです。メールには「すぐにお礼の気持ちを伝えられる」という利点がありますが、相手から梱包された品物を贈られたときは、封付きの手紙でお礼状を送るのが、本来のマナーに則したお礼の伝え方と言えるでしょう。

例文4　接待のお礼

件名：お礼_お食事会

いつも大変お世話になっております。

先週の出張の折 ※1、宴会の席を設けてくださり、
本当にありがとうございました。

ご当地の新鮮な海の幸をご馳走になり、
舌鼓を打つばかりでした。

> 単に「ご馳走さまでした」と書くよりも「何が気に入ったか」を具体的に書けると印象アップ！

また皆様から貴重なお話を伺うことができましたこと、
非常にうれしく思っております。

どうか今後ともご指導、ご鞭撻を賜りますよう、
宜しくお願い申し上げます。

取り急ぎお礼申し上げます。

※1
接待に限らず、お礼は「できるだけ早く」がポイント！
メールを送れる環境にいるのであれば、出張中とはいえできるだけ早めにお礼をしましょう。

お祝いメールのポイント

ポイント1　慣用表現＋自分の言葉で

　お祝いのメールを送信するときは、慣用表現に加えて、**自分の言葉でお祝いの気持ちを伝える**ことが大切です。具体的には、「**誰が、何を、どうしたから**」**お祝いのメールを送信しているのか**が、明確にわかるように書きましょう。

　また、そのお祝い事について**自分の感想**を伝えることで、受け手はよりいっそうの喜びを感じることでしょう。

ポイント2　その情報を知ったらすぐに送ろう

　そのお祝い事の内容にもよりますが、贈り物を送る前に、「急いでお祝いの気持ちを伝えたい」という意味において、**その情報を知ったら、すぐに送信をする**と良いかもしれません。

　なお、お祝いの気持ちをメール以外でも伝えたいときは、別途、**電報、お手紙、お祝いの品に添えるメッセージカード**などでも表現できます。

ポイント3　お祝いできる"ネタ"探しもポイント

　お祝いメールは、受け取ると嬉しいもの。できるだけ多くのお祝いメールを送りたいものですね。そのためには、**お祝いできるネタを探す**ことも大切です。

　こういった情報収集は、メールのネタにとどまらず、商談や営業などの日常的な仕事にも役立てられるでしょう。

例文5　昇進・栄転のお祝い

件名：お祝い _ ●●支店長ご就任

平素より格別のご高配を賜り、
誠にありがとうございます。

さて、この度はA支店長へのご栄転とのこと、
心よりお祝い申し上げます。
ひとえに◆◆様のご人望とご努力によるものと
改めて感服いたしております。

> 慣用表現だけではなく、自分なりの感想を付け加えよう！

今後ますますご多忙の身になられることと存じますが、
くれぐれもご自愛の上、
ご活躍されますことをお祈り申し上げます。

取り急ぎ、略儀ながらメールにてお祝い申し上げます。

> 「聞いてすぐメールしました」ということが伝わるようこのような文章で締めましょう

ステップアップ　お祝いの贈り物

メールに加えて贈り物で「お祝いの気持ち」を表現することもあります。一般的には「胡蝶蘭」や「フラワーアレンジメント」などお花を贈るのが主流です。お酒好きな人であれば、日本酒やワインなども喜ばれます。ただし、企業によっては贈り物を受け付けない場合もあるので、事前確認をしましょう。

例文6 独立・開業のお祝い

件名:【祝】◆◆事務所ご開設

いつも大変お世話になっております。

さて、いよいよ独立され、◆◆事務所を設立されたとのこと、
誠におめでとうございます。
◆◆様がこれまでに築かれてきたご人脈、
培われた専門知識や技術をもってすれば、
必ずや成功を収められることと確信しております。

> お祝いに加え、応援の言葉も添えられると◎

しばらくはお忙しいことと存じますが、
くれぐれもご自愛ください。

今後ますますのご発展とご活躍を
ご期待申し上げます。

まずは、取り急ぎメールにて ご祝詞 ※1 申し上げます。

※1
意味:お祝いする
言い換え例
「ご祝辞」(例:ご祝辞を申し上げます。)

お詫び・謝罪メールのポイント

ポイント1　間違った対応はさらなるトラブルの元

　お詫び・謝罪のメールを送信するときは、**真に申し訳ないという気持ち**がないと、さらなるトラブルに発展する可能性もあるので十分に注意しなければなりません。メールを書くときも、「心から申し訳ない」と思っている気持ちを伝えることが最大のポイントです。

　「心から申し訳ない」という気持ちがあれば、**最初に言い訳をしない**という謝罪の基本は当然のことと理解できますね。

ポイント2　「謝罪」「原因究明」「今後の対応」

　ビジネスでは、細心の注意をしていても、ミスが発生することはあり得ます。そんなとき、いかに誠実な対応ができるかどうかが大切です。具体的には、事実を明らかにし、自社に否がある点は、ただちにそれを認め、謝罪をすることです。メールでは、**①心からの謝罪の気持ち**を述べた上で、**②原因究明、③今後の対応**（再発防止策など）をしっかり伝えられるかがポイントです。

ポイント3　伝え方にも工夫を

　ミスへの謝罪は、ミスを犯した当人だけではなく、その上司からも謝罪があると、さらに気持ちが伝わるでしょう。

　また、間柄やミス・トラブルの大きさによっては、メールだけで済ませるのではなく、直接伺って謝罪の気持ちを伝える、電話をするなど、別の手段もあわせて考えるようにしましょう。

例文7　クレームへのお詫び

件名：弊社社員の非礼に対するお詫び

平素より弊社をお引き立ていただき、
誠にありがとうございます。

この度は弊社社員の●●が◆◆様に対し、
大変失礼な態度であった由、承りました。
心よりお詫び申し上げます。

ひとえに上司である私の監督不行き届きであり、
弁解のしようもございません。 ← まずは心からの謝罪を伝えます
◆◆様にご不快な思いをさせてしまいましたこと、
誠に申し訳ございませんでした。

私からも厳重に注意し、本人も深く反省いたしております。
なにとぞご容赦くださいますよう、お願い申し上げます。
二度とこのような非礼がないよう、社員教育を周知徹底し、
努力をしてまいる所存でございますので、
今後とも引き続きご指導、ご鞭撻を賜りますよう
重ねてお願い申し上げます。 ← 謝罪に加え、再発防止策を伝えましょう

後日改めて●●とご挨拶に伺いたいと存じますが、
取り急ぎ、メールにてお詫び申し上げます。

例文8 パーティー欠席のお詫び

件名：お詫び_◯◯賞受賞パーティー欠席

いつも大変お世話になっております。

この度は◯◯賞受賞、本当におめでとうございます。
ますますのご活躍、心よりお慶び申し上げます。
また、受賞パーティーにご招待いただき、
誠にありがとうございます。

本来であれば、直接お目にかかり、
お祝いを申し述べるべきところですが、
あいにく海外への出張が決まっており、
誠に不本意ながら失礼させていただきます。

**せっかくのお招きにもかかわらず、
大変残念ではございますが、**
あしからずご了承いただけますと幸いです。

> 出席できず残念な気持ちを伝えましょう

ご盛会を心よりお祈り申し上げます。

**メールにて恐れ入りますが、
お祝いかたがたお詫び申し上げます。**

> お祝いと出席できず残念な気持ちを伝えた上で、謝罪できると◎

例文 9 品違い・数量違いへのお詫び

件名：【お詫び】商品の送付手違い

いつも当店をご利用くださり、
誠にありがとうございます。

この度、お届けした商品に間違いがありましたことを、
心よりお詫び申し上げます。 ── まずは心からのお詫びを伝える

早速調査いたしましたところ、 ── その上で原因を説明
担当者の手配ミスによるものと判明いたしました。
当方の不手際で、◎◎様には多大なご迷惑をおかけし、
本当に申し訳ございませんでした。

ご注文いただいた商品は、本日夕方お届けにあがります。
その際、手違いの商品を引き取らせていただきますので、
お手数をお掛けし、申し訳なく存じますが、
係の者にお引渡しいただければ幸いです。

今後、このような事故を起こさぬよう、
万全の体制を整えてまいります。 ── 今回のミスへの対応と再発防止策を、誠意をもって伝えましょう
どうか変わらぬご愛顧のほど、宜しくお願い申し上げます。

メールにて恐縮ですが、
取り急ぎお詫び申し上げます。

例文10 メール誤送信のお詫び

件名:【お詫び】XX月XX日付のメール誤送信

いつもお世話になっております。

先ほどお送りいたしました下記メールですが、
本来他社ご担当者様あてにお送りするはずのものを、
宛先の入力間違いにより、◎◎様に送信してしまいました。
※1
大変申し訳なく存じます。
つきましては、お手数をおかけいたし、誠に恐縮でございますが、
削除をお願いできますでしょうか。

> 相手がメールを探しやすいよう日時、件名を伝えます

差出人:○○
送信日時:20XX年XX月XX日XX:XX
件名:□□の件

今後は、二度とこのようなことのないよう十分に注意いたします。
なにとぞご容赦くださいますようお願いいたします。

ご迷惑をおかけいたしましたこと、
深くお詫び申し上げます。

※1
言い換え例(誤った内容を送ってしまった場合)
「内容に一部誤りがございました。」

挨拶メールのポイント

ポイント1　定型文＋呼びかけ

　ビジネスにおける挨拶メールには、新任、着任、異動をはじめ、年末年始や夏休み等の連絡を兼ねたものまで全般が含まれます。これらの内容は、**定型文**を用いて、儀礼的な文章で送信をすることが、ほとんどです。

　とはいえ、メールの特性を生かし、「**○○様**」と呼びかけのひと言を入れるだけでも、儀礼的な印象が払拭されます。

ポイント2　挨拶は日頃の感謝を伝えるチャンス

　また、挨拶メールも、**①冒頭にて日頃お世話になっている感謝の気持ちを**伝えます。その後、**②本題を伝え、③再度、日頃のお礼や今後の抱負、今後もおつきあい願いたい旨**で結びます。

　単なる儀礼的な連絡ではなく、改めて感謝の気持ちを伝えるチャンスと捉えて書けると良いですね。

ポイント3　送信のタイミングにも配慮を

　挨拶メールは、**相手がそれを知りたいと思える時期・時間帯**に送信します。新任、着任、異動、年末年始や夏休み等の情報を伝える場合は、**始業直後などメールをチェックしやすい時間**（例：午前9時頃）に送信すると良いでしょう。

　また、特に異動や休暇の連絡など、相手の仕事に影響が大きい事柄は、**ギリギリではなく前もって伝える**配慮も必要です。

例文11 就任・着任の挨拶

件名：【ご挨拶】◇◇支店長着任

平素より格別のお引き立てを賜り、
厚くお礼申し上げます。
　※1
このたび、◇◇支店の支店長に任命され、
〇月×日付けで着任いたしました。
本社勤務中は大変お世話になりました。

> 挨拶メールは改めてお礼を伝えるチャンス

新しい環境に身を置くこととなりますが、
一歩一歩努力し、仕事に邁進してまいりたいと思います。

〇〇様には 今後とも一層のご指導、ご鞭撻を賜りたく、
よろしくお願い申し上げます。

> 定型文＋呼びかけで印象アップ

※1
言い換え例

- 「いつも大変お世話になっております。」
- 「いつもお心遣いいただき、ありがとうございます。」
- 「暖かい季節となりました。〇〇様におかれましてはお元気にご活躍のことと存じます。」
　＊相手との間柄にあわせて使い分けましょう

例文12 年末・年始の挨拶

件名：年末のご挨拶

いつも大変お世話になっております。

20XX 年も残すところ、あとわずかとなりました。
本年も格別のお引き立てを賜り、
心よりお礼を申し上げます。

> 挨拶はお礼を伝えるチャンス！
> お礼→用件とするとさらに気持ちが伝わります

なお、弊社の年末年始の営業日を
下記の通りご案内申し上げます。

◆年末年始の営業日

> 箇条書きにすると読みやすさアップ！

12月28日　平常通り
12月29日　17時にて営業終了
12月30日　休業
12月31日　休業
　1月1日　休業
　1月2日　休業
　1月3日　休業
　1月4日　平常通り

来年も変わらぬご愛顧のほど、
宜しくお願い申し上げます。

例文13 転勤の挨拶

件名: 転勤（異動）のご挨拶

いつもお世話になっております。

このたび、○月×日付けで、
◆◆支社に転勤することになりました。
本社在勤中はいろいろとご指導くださり、
本当にありがとうございました。

> よく使われる表現です

本来であれば、直接ご挨拶に伺うべきところですが、
急な辞令のため、メールにてのご報告となり、申し訳ありません。

なお、**後任として◎◎が担当させていただくことになりました。**
今後とも変わらぬご支援のほど、宜しくお願いいたします。

> 異動（転勤）の挨拶のときは、必ず「後任の担当者」を伝えます

メールにて恐縮ですが、
取り急ぎ、ご挨拶申し上げます。

ステップアップ 特にお世話になった方へはもう一工夫

特にお世話になった方などは、メールだけではなく、直接ご挨拶できるとさらに良いでしょう。その際は、「**一度お目にかかってご挨拶申し上げたいのですが、ご都合はいかがでしょうか。**」などと相手の意向を確認しましょう。

例文14 退社のご挨拶

件名：退社のご挨拶

平素より大変お世話になっております。

さて、私事で恐縮ではございますが、※1
今月末にて退社することとなりました。
これまで大変お世話になりましたこと、
心より感謝申し上げます。

後任としまして、▲▲が担当を引き継ぐこととなりました。
引き続きお力添えをいただければ幸いでございます。

> 転勤の挨拶同様、後任を必ず明記しましょう

なお、今後につきましては、落ち着き次第、
改めてご連絡させていただきます。
今後ともご指導、ご鞭撻のほど宜しくお願いいたします。

本来ならば、○○様には直接ご挨拶申し上げるべきところでは
ございますが、取り急ぎ、メールにて失礼いたします。

> 今後もお付き合いのある方に対しては、こういう言い回しも○

※1
退社の理由をメール上で詳細に明かす必要はありません。「一身上の都合」などとしましょう。

例文15 転職の挨拶

件名：転職のご挨拶

ご無沙汰しております。
■■株式会社 在職中は大変お世話になりました。
※1
退職にあたりまして、
○○様には身に余るほど、丁重なご挨拶を頂戴し、
誠にありがとうございました。
また、前職在職時には温かいご支援、ご協力を賜り、
心より感謝申し上げます。

×月×日より▲▲株式会社に入社いたしました。
新しい職場では、これまでの経験を活かし、
商品企画部にてOA機器の新商品開発に携わる予定ですが、
一意専心努力してまいる所存です。

今後とも引き続きご支援賜れれば幸いでございます。
なにとぞ宜しくお願い申し上げます。

まずは取り急ぎ、メールにてご報告させていただきます。

> 前職の会社名を明記できると、誰からのメールだか特定しやすく◎

> 転職の挨拶の前に、前職在職中・退職時のお礼を伝えましょう

> 転職先の社名・配属先・新しい業務を明示しましょう

※1
転職後、前会社の取引先へ連絡をする場合は、前会社に了承を得て行うのがマナーです。

お知らせ・ご案内メールのポイント

ポイント1　知りたい情報を読みやすく

　お知らせやご案内のメールを送信する場合は、その内容の詳細を、**相手が見やすく読みやすく**なるよう、工夫します。

　日程や場所などは、特に知りたい情報です。こういったものは、行頭に「■」などの印をつけて、ひと目でわかるようにしましょう。これで読みやすさは格段にアップします。

　とはいえ、あまり多くの印をつけると、かえって複雑になり、受信側で改行がバラバラとなり、読みにくい状況になる可能性もあります。レイアウトは、あくまでも**シンプルに読みやすく**、を念頭におきましょう。

ポイント2　数字関連のミスは絶対NG

　お知らせ・ご案内に限ったことではありませんが、数字関連のミスには特に注意したいものです。たとえば、**日程や電話番号、金額等の数字の記載ミス**は、誤解を生む原因ですし、信頼を損なうことにもなりかねません。十分留意して送信してください。

ポイント3　リマインドメールを有効活用しよう

　お知らせ・ご案内は、相手の都合も考慮し、余裕をもって、**早めに通知**できると良いでしょう。

　その後、**予定の2～3日前に再度、リマインドメールを送信**することをお薦めします。欠席予定だった人も、日程が近づいたところで、スケジュールの変更が起きている可能性もあります。

例文16 打ち合わせのお知らせ

件名:【お願い】次回お打ち合わせ

いつもお世話になっております。

先日はご多忙のところ、お時間をいただき、
大変ありがとうございました。
皆様から貴重なご意見を伺うことができ、
大変有意義でした。

> 用件を伝える前にまずはお礼。お礼は何度されても嬉しいものです

早速、皆様のご意見を企画案に取り入れて、
開発に取り組んでいく所存でございます。
さらなるご意見、ご要望等ございましたら、
何なりとお知らせくださいますよう、お願い申し上げます。

さて、次回お打ち合わせの日程ですが、
来月半ばごろでいかがでしょうか。
ご都合のよろしい日時について、
2～3候補日をあげていただければ幸いです。

> 打ち合わせの日程調整は、まず先方の都合を聞くのがマナーです

お忙しいところお手数をおかけいたしますが、
ご返信お待ち申し上げます。
なにとぞ宜しくお願いいたします。

例文17 展示会のご案内

件名:【ご案内】新製品「●●」展示発表会

> 文の内容がすぐにわかる「件名」をつけましょう

平素より格別のお引き立てを賜り、
誠にありがとうございます。

下記の通り、本年度新製品の展示発表会を
開催する運びとなりました。

日頃より弊社をご愛顧いただいている皆様方に
一足先にお披露目の場をご用意させていただきました。
つきましては、ご多用のところ大変恐縮でございますが、
ご来場賜りますよう宜しくお願い申し上げます。

◆展示発表会のご案内
■内容：新製品「●●」展示発表会
■日時：○月×日（△）18時〜20時
　　　　※軽食をご用意しております。
■会場：□□ホテル8階　▲▲の間
　　　　東京都港区新橋×××
　　　　電話：03-XXXX-XXXX
※会場までのアクセスは以下URLをご参照ください。
http://www.XXXX.co.jp/

> イベントの詳細は、見やすさ、わかりやすさに配慮

> 地図を添えられると◎

例文18 接待のご案内

件名：【忘年会のご案内】12月△日（金）

> 日時が決まっているものは件名に明記しましょう

いつも大変お世話になっております。

さて、弊社では日頃ご愛顧いただいている皆様へ
感謝の気持ちを込め、忘年会を開催することとなりました。

年末でお忙しい折ではございますが、
ぜひご参加いただきたく、ご調整いただければ幸いに存じます。
なにとぞ宜しくお願い申し上げます。

> クッション言葉を活用しましょう

■忘年会のご案内
◇日時：20XX年12月△日（金）19:00 ～ 21:00
◇場所：レストランＸＸ（http://www.XXX.co.jp）
　最寄駅／●●●線○○駅
　住所／東京都××区××××××
　電話／ 03-XXXX-XXXX

> 何をして欲しいか、その後のアクションは具体的に示しましょう

※ ご出欠の返信は、誠に恐縮ながら、
　12月○日（×）までに私、◆◆宛にお願い申し上げます。

問い合わせメールのポイント

ポイント1　何についての問い合わせかをわかりやすく

　問い合わせのメールを送信するときは、たとえば、「来週発売予定の薔薇のお化粧品について伺います」という具合に、**最初に問い合わせ内容について明記**します。

　何についての問い合わせかがわかりやすいと、相手も対応しやすくなるもの。「わかりやすさ」は、迅速に回答をもらえることにつながるでしょう。

ポイント2　「知りたいことは何か」も読みやすく

　続いて、問い合わせの詳細を明記していきます。問い合わせの内容にもよりますが、よくあるのは、**値段や発売日、在庫の有無や数、色など**です。

　これらを伺う際には、**文章の羅列ではなく、箇条書きにする**と読みやすく、相手も回答しやすくなるでしょう。

ポイント3　回答の期限をハッキリ伝えよう

　問い合わせは、仕事で必要だから行うものです。いつまでに回答が必要かという**回答の期限をはっきり明記**すると、双方にとって仕事がしやすくなるでしょう。

　期限を明記する際は、あらかじめ**余裕をもったスケジュールを立てる**ことがポイントです。たとえば、突然「3時間以内に」といわれても、回答できないこともあるでしょう。

　急を要する場合は、電話を併用するのも良いかもしれません。

例文19 サービス内容・取引条件に関する問い合わせ

件名:「●●」お取引条件のご照会

日ごろより格別のご愛顧を賜り、厚くお礼申し上げます。

さて、貴社のロングセラー商品「●●」につきまして、
来年度も引き続き、取り扱わせていただきたく、
ここにご連絡申し上げます。

「●●」は売れ行きも好調ですので、
来年度は毎月 500 個の納入をお願いしたいと考えております。
その場合の取引条件について、
改めてご確認いただきたく存じます。

ご多用のところ誠に恐縮ですが、
来週中にご返信くださいますと幸いです。 ── 返信の期限を明記しましょう
ご確認の程よろしくお願い申し上げます。

■取引条件について ── 問い合わせ内容については読みやすく、明確に!
1．商品名／個数：●●／毎月 500 個
2．価格について
3．支払方法について
4．保証金、その他の取引条件について

例文20　商品発送に対する問い合わせ

件名：商品「●●」着荷日時の確認

いつも大変お世話になっております。

○月×日付で注文いたしました商品「●●」の件で
質問がございます。
　　　　　　　　　　　　　　　　　　〔何に対する問い合わせかを最初に明記します〕

今週発送可能と伺っておりましたが、
着荷日時がおわかりでしたら、
教えていただけますでしょうか。
※1
○月■日の弊社展示会にて、
ご来場の皆様方に配布する予定でおります。

誠に勝手ながら弊社での準備の都合もあるため、
ご多忙中、恐縮でございますが、
早急に返信くださいますよう、お願い申し上げます。

後ほど改めてお電話申し上げますが、
取り急ぎ、メールにして失礼いたします。
　　　　　　　　　　　　　　〔急いでいる場合は「メール＋電話」〕

※1
言い換え例（さらに丁寧に書きたいとき）
- 「ご教示いただけますと幸いに存じます。」

依頼メールのポイント

ポイント1　依頼メールには2つある

依頼のメールには、大きく次の2つがあります。また、書き方、送り方の注意点もそれぞれ異なります。

① もともと知り合いの人に依頼する場合
② 初めて依頼する場合

ポイント2　知り合いへ依頼する場合

基本は、**依頼事項をわかりやすく伝えること**です。ただし、もともとの知り合いの場合でも、久しく連絡をとっていない場合などは、「ご無沙汰致しております」という**挨拶**から入り、**近況報告**をするのも良いでしょう。その上で、依頼事項を明記します。

ポイント3　初めての相手には自己紹介から

初めての相手に対しては、メールにて突然の連絡をすることに対するお詫びとお礼。そして、必ず**自己紹介**をしてください。あなたは相手のことを調べて知っているかもしれませんが、相手はあなたのことを知らない可能性があります。会社としての依頼の場合は、まず**会社の業種、自分が属している部署名、氏名**を伝えます。

いずれにしても、こちらから依頼する場合は、通常のメール以上に、細心の注意をはらい、礼を尽くした文章を書くようにしましょう。

例文21 見積りの依頼

件名:【依頼】お見積り

> 「依頼」であることが
> わかるよう件名に配慮

はじめてご連絡申し上げます。

私、●●社の業務部の◆◆と申します。
弊社は、雑貨の通信販売webサイト「△△△」を
運営致しております。

> 初めての依頼の場合は、まず自己紹介から

つきましては、発送用機材として、御社製品「○○○」の
導入を検討しています。

恐れ入りますが、お取引条件についてお見積り(今月末まで)を
頂戴したくお願い申し上げます。

> 余裕ある期限を
> 設定しましょう

■製品名：○○○
■台　数：5台
■納品希望日：20XX年X月X日

※お見積りに際し、他に情報が必要な場合は、ご一報願います。

お忙しいところ、お手数をおかけして恐縮ですが、
宜しくお願い申し上げます。

例文22　講演の依頼

件名：ご講演依頼

○○先生、大変ご無沙汰しております。
その後の先生のご活躍を、いつも大変嬉しく拝見致しております。

さて、このたび○○先生にご講演をお願いいたしたく、
ご連絡をさせていただきました。

> 既知の間柄でも、挨拶から始められると丁寧で◎

弊社では毎年従業員に向けて
セミナーを開催しております。
その中で、時代に合ったテーマで
専門家の方にご講演をお願い致しております。

概要は下記の通りでございます。
ご多忙のところ誠に恐縮ですが、
ご都合をお知らせいただければ幸いです。
ご検討のほど、なにとぞ宜しくお願い申し上げます。

■日　時：○月×日（△）　13時～15時
■場　所：◇◇フォーラム　Bホール
■テーマ：「情報教育のあり方について」
■参加者：約120名
■謝　礼：□万円（交通費別途）

> 依頼内容は箇条書きでわかりやすく！

例文23　値引きの依頼

件名：【ご相談】価格について

平素はひとかたならぬご愛顧を賜り、
厚くお礼申し上げます。

> お願いの用件に入る前に、まずはお礼を伝えます

この度は「○○○」のお見積書を送付くださり、
大変ありがとうございました。

ご提示くださった金額について
弊社の希望額とやや隔たりがあり、
2割ほど価格を下げていただけないかと考えております。

大変恐縮ではございますが、
諸事情をご賢察の上、ご検討いただけますと幸いです。

宜しくお願い申し上げます。

> 一方的な押し付けにならないような配慮を

ステップアップ　言いづらい内容は「ハンバーガー話法」の3STEPで

まず、プラスの情報を伝え、次に本題、最後にお願いのひと言を伝える。

STEP1「いつもお世話になり、ありがとうございます。」
　※お礼や褒めるなどプラスの情報

STEP2「大変恐縮ですが、値引きをしていただけますか。」
　※クッション言葉と伺い形で本題

STEP3「宜しくお願いします。」
　※お願いのひと言で締める

営業メールのポイント

ポイント1　定型文＋αの工夫を

　営業関連のメールを送信するポイントは、儀礼的な定型文にならないように一工夫をすることです。

　営業の目標は、取引、売上につなげることです。そのためには、お客様に信頼感を与えるもの、つまり、**心に響くもの**でなければなりません。他のメールよりも一層オンリーワンなメールが書けるよう、**相手の立場にたった送り方**をしたいものです。

ポイント2　誰に送るかによって使い分けよう

　取引先が法人か個人かで、書き方は異なります。

　相手が法人の場合は、定型的な内容を基本とし、間柄に応じて＋αを盛り込めるようにしましょう。

　一方、個人に対する場合は、親近感を感じさせる書き方をすることで、ファンやリピーターを増やすことになるかもしれません（ただし、商品・サービスにもよります）。とはいえ、親しき仲にも礼儀あり。「礼」あるひと言を忘れずに書きましょう。

ポイント3　タイミングも大事

　心に響くメールを送るためには、その**内容だけではなく送るタイミングにも配慮**しましょう。

　次から次へと営業メールがくると、「面倒だな」と感じますが、次の注文を考える頃にメールが来ると「嬉しい」と感じるものです。**「いつどんなメールをもらったら嬉しいか」**を、お客様の立場にたって考えましょう。

例文24 新商品のご案内

件名:【ご案内】新メニュー『○○○○』試食会

いつも当店をご利用いただき、ありがとうございます。

さて、来月より当店ランチメニューに
新プレートが加わります。

鶏肉との相性も抜群の特製オイスターソースは
ハーブをたっぷり使用したこだわりの味。

> 商品説明は簡潔に
> わかりやすく!

当店会員の皆様に、日頃の感謝をこめて、
ご試食期間を設けさせていただきました。

> 特典がわかるよう
> に書きましょう

【ご試食期間】○月○日(△)〜○日(△)
【価格】750円(通常950円のところ)
【セット内容】ランチプレート+スープ+サラダ

この機会に、ぜひご試食くださると幸いです。

なお、ご来店の際には、お手数をおかけし恐縮ですが、
会員カードを持参くださいますようお願い申し上げます。

皆様のご来店を心よりお待ちしております。

例文25 商談の申込み

件名：ご挨拶とお礼__web広告サービス

この度は弊社webサイトより
web広告サービスに関する資料をお取り寄せくださり、
誠にありがとうございました。

お問い合わせくださいましたサービスは、
御社のようなweb通販に積極的に取り組まれている企業様より、
大変好評をいただいております。

差し支えなければ、これまでの成功事例等を踏まえ、
御社に最適のプランをご提案させていただくことが
可能でございます。

ご迷惑でなければ、一度、ご挨拶も兼ねて、
御社へ伺えれば幸いに存じますが、
ご都合はいかがでしょうか？
1時間程度、お時間を頂戴できますと幸いに存じます。

ご多忙かとは存じますが、
ご検討のほどよろしくお願いいたします。

> 押し付けず相手の意向を尊重できるよう、クッション言葉を活用しましょう

> 面識のない相手には、「いついつ、何時間程度、時間をとって欲しい」という要求を最初のメールで行なうのはNG

例文26 商談後のクロージング

件名：【お礼】本日の面談

○○様、本日はご多用中にもかかわらず、
貴重なお時間をつくってくださり、
誠にありがとうございました。

→ まずはお礼から

弊社サービスについてご検討いただけるとのこと、
大変光栄に存じます。
ありがとうございます。

ご質問いただきました内容につきましては、
再度弊社内にて確認の上、
お時間を要し、大変申し訳なく存じますが、
連休明けにご回答申し上げます。

→ 確認すべき事柄がある場合は、回答の時期を示しましょう

その他、何か必要な資料等ございましたら、
ご遠慮なくお申し付けくださいませ。

なにとぞ前向きにご検討くださいますよう、
重ねてお願い申し上げます。

→ 激しい売り込みは萎縮されがち。まずは信頼関係をつくりましょう

略儀ながら、メールにてお礼申し上げます。

確認・承諾メールのポイント

ポイント1　「言った」「言わない」を避けるために

　メールは文字として残るため、「言った」「言わない」などのトラブルを避ける意味においても、大変便利なツールです。

　特に、ビジネスにおいては、受け取り方の違いなどから、誤解が生まれ、トラブルに発展する可能性があります。

　そこで、**メールなどによる「確認」作業は必須。**たとえば、注文を受けたら、その個数や納品日などを確認するメールを送ります。

　また、相手から面談の依頼などを受け、それに対する承諾メールなどを送信することがあります。

ポイント2　先を見越したデキる応対を

　メールでアポイント（アポイントメント）を取る場合は、確認・承諾のやり取りが不可欠です。このときは、二度手間を避けるために、**1回のメールで可能な限りの情報を明記**したいところです。

　たとえば、自分から都合の良い日程を2、3日挙げても、それが相手にとってOKとは限りません。そこで、**先を見越した応対**として、「万が一、私が挙げた日程に不都合が生じる場合は、都合のよい日程を知らせて欲しい」というひと言を明記すると、よりスムーズなやり取りができるでしょう。

　ポイントは、相手の立場にたって、一歩先を読むことです。「もしダメだった場合はどうするか？」「ダメだった場合にスムーズに対応するにはどうすればいいか？」を考えましょう。

例文27 商品注文の確認

件名:「●●」ご注文のお礼

いつも弊社商品をご利用くださり、厚くお礼申し上げます。

本日、弊社商品「●●」のご注文を、確かに承りました。
ご注文内容は下記のとおりでございます。
お手数をおかけし恐縮でございますが、
ご確認くださいますようお願い申し上げます。

◆ご注文内容 ──「確認」のため漏れなく、正確に!
■商品名:●●
■数　量:◇◇個
■合計金額:XXXX円
■お届け先:御社▲▲支店　ご担当◎◎様宛

発送準備が整い次第、弊社より発送いたします。
発送が完了いたしましたら、改めてご連絡を申し上げますので、
今しばらくお待ちくださいますよう、お願い申し上げます。

> 発送完了時点でも確認メールを送れると◎

何かご不明な点等ございましたら、
◆◆までご遠慮なくお問い合わせくださいませ。

今後とも宜しくお願いいたします。

例文28 面談の承諾

件名：お打ち合わせ日程の件

いつもお世話になっております。

この度は新サービスをご提案くださり、
誠にありがとうございます。
ぜひとも一度、直接お目にかかり、内容を伺えればと存じます。

> 承諾の意思を伝えたうえで日程の相談をしましょう

早速で恐縮ではございますが、
お打ち合わせの日程、下記のご都合はいかがでしょうか。

■ 11月1日（月）　13時〜17時
■ 11月2日（火）　 9時〜12時
■ 11月4日（木）　14時〜17時

ご多忙のところ恐縮ではございますが、
ご調整くださいますよう、お願い申し上げます。

万が一、どの日程もご都合が合わない場合は、
〇〇様のご都合のよろしいお日にちを、
2〜3日挙げていただけますと幸いに存じます。

引き続き、よろしくお願いいたします。

> 予定が合わない場合の対応法まで書けるとスムーズです

お断りメールのポイント

ポイント1　次に繋がるように、角を立てずに断ろう

　ビジネスの世界は狭いものです。一度は断った相手と改めて仕事をすることになった、というのはよく聞く話です。そのため、スケジュールなどの事情からお断りをしなければいけない場合も、**「次に一緒に仕事をするかもしれない」** という意識をもってメールを送りたいものです。そのためには、断られる相手が、できるだけマイナスな感情を持たないような配慮が必要です。

ポイント2　感謝・褒める＋クッション言葉

　具体的には、「お断り」をする場合であっても、まずは資料などを送付してくださった**感謝**とその商品・サービス内容など相手が行なっている言動を**褒める**ところからスタートします。

　たとえば、造花の定期レンタル営業があったとしましょう。その契約を断るときは「本物と区別がつかないくらい、高品質な造花ですね」など、まず、相手を褒めるところからスタートします。その上で、「しかしながら、大変申し訳ないことに」「残念なことで」などど、お断りの言葉に向かう**クッション言葉**を用います。

ポイント3　お断りのフレーズを使いこなそう

　お断りする場合に最もスマートな言葉遣いは**「お役にたてずに申し訳ございません」**です。これで、相手を傷つけることなく、NO と断ることができるでしょう。

例文29 営業のお断り

件名: 新雑誌の購読について

いつもお世話になっております。

先日は、新雑誌の見本をお送りくださり
ありがとうございました。
オールカラーで、大変読みやすい誌面構成に ── まずはお礼＋
感服いたしております。 商品・サービスを褒めましょう

さて、定期購読につきまして、社内で検討いたしました。
大変残念なことに、※1 諸般の事情により、 ── クッション言葉を
今回は見送らせていただくことになりました。 活用しましょう
大変申し訳ございません。

また別媒体のご創刊の際には、 ── 次に繋がるひと言
ぜひともご案内を頂戴できればと存じます。

今回に懲りず、今後ともなにとぞ宜しくお願いいたします。

※1
言い換え例（クッション言葉）
- 「せっかくのご案内にもかかわらず申し訳ございませんが、」
- 「会議にはかりましたが、」

例文30 取引の辞退

件名：新規取引のご依頼について

平素より、弊社に対しご愛顧を賜り、厚くお礼申し上げます。

この度は新規お取引のご依頼をお申し出くださり、
誠にありがとうございます。

本来であればすぐにでも
お引き受けしたいところではございますが、
不本意ながら、スケジュールの都合上、
今回につきましては辞退させていただく運びとなりました。

> 依頼を辞退する場合は具体的な理由を示せると双方にとってメリットがあります

お役にたてず、大変申し訳ございません。

なにとぞ事情をご賢察の上、
ご寛容賜りますようお願い申し上げます。

また、◎月以降でお役にたてることがございましたら、
ぜひひともご連絡いただければ幸いに存じます。

今後とも宜しくお願い申し上げます。

> 次に繋がるひと言で結びましょう

催促メールのポイント

ポイント1　相手のミスでも気遣い、配慮を

　催促メールは、納品遅延のときなどに連絡し、納品してもらうなどの目的を達成させるために送信します。

　仮に**相手のミスによる催促メールであったとしても、相手に対する配慮の一文を記す**のが、マナーあるメール。受け取って気持ちが良いマナーあるメールの方が、相手があなたの催促に対し、すみやかに対応してくれる可能性が高くなることでしょう。

　行動を促すためにも、相手への気遣い、配慮は不可欠です。

ポイント2　感情的にならないよう、客観的な事実を伝える

　催促の連絡をするときは、**感情的にならないようにする**のがポイントです。どんなに相手が悪い場合であっても、それをそのまま伝えるのはNG。感情的な問題と起きているトラブルを混同させないよう、注意が必要です。**客観的な事実をきっちりと伝える**ようにすると良いでしょう。

ポイント3　催促メールは期日を過ぎたらすみやかに

　催促のメールは、**約束の期限を過ぎたら、すみやかに送信する**と良いでしょう。催促の連絡をしたことで、相手もそれに気づく場合があります。

例文31　納品の催促

件名:「□□□」の納品について

いつもお世話になっております。

早速で恐縮ですが、〇月〇日付で注文いたしました「□□□」
XXセットについて、質問がございます。

> 質問とすることで催促の印象が弱まります

こちらの商品は、すでに発送いただいておりますでしょうか。
納期をすでに1週間以上過ぎておりますが、
未だ着荷しておりません。

> 客観的な事実を伝えましょう

弊社都合により恐縮ですが、
〇月△日に使用したく、注文した経緯がございます。

つきましては、至急ご送付いただければ幸いです。
また、発送日がわかり次第、
ご連絡くださいますようお願いいたします。

なお、本メールと行き違いでご発送済みの場合は、
なにとぞご容赦ください。

> 断りのひと言を忘れずに！

取り急ぎ、発送の伺いと確認まで。

例文32 返答の催促

件名:【再送】お打ち合わせについてご相談

> 「再送」とわかるよう件名に配慮

いつも大変お世話になっております。

早速ですが、○月○日にメールにてお送りいたしました
お打ち合わせの件につき、ご覧いただけましたでしょうか。

念のため、お送りした文面を再送いたしますので、
ご確認いただければ幸いです。

ご多用のところ恐縮ですが、
○月○日を目処にご返信いただきたく存じます。
よろしくお願いいたします。

> 催促のメールこそクッション言葉を活用します

お打ち合わせの日程、下記のご都合はいかがでしょうか。

■11月1日(月)　13時〜17時
■11月2日(火)　 9時〜12時
■11月4日(木)　14時〜17時

万が一、どの日程もご都合が合わない場合は、
○○様のご都合のよろしいお日にちを、
2〜3日挙げていただけますと幸いに存じます。

例文33　代金支払いの催促

件名:「●●●」代金のご入金について

> まずは客観的な事実を伝えます

日ごろより格別のお引き立てを賜り、厚くお礼申し上げます。

さて、○月×日付で請求書をお送りいたしました「●●●」の代金につきまして、本日現在ご入金が確認できておりません。

こちらの手違いであれば申し訳なく存じますが、
至急ご確認くださいますと幸いに存じます。

> お金に関する話題は、特に慎重な言葉遣いを選びましょう

なお、本メールと行き違いでご入金いただいております場合は、
ご容赦願います。

また、お手数をおかけし恐縮でございますが、
その旨ご返信くださいますよう、お願い申し上げます。

宜しくお願い申し上げます。

ステップアップ　支払いの催促

支払いの催促は、通常、2〜3回に分けて行われています。①代金支払いの確認（本例文）、②催促、③書面での督促といった順序です。②・③の段階では、本例文よりも強く主張を伝える必要があります。そういった場合は、わざと定型文を使って儀礼的な印象を与えるという手法をとります。

抗議メールのポイント

ポイント1　理由をハッキリ伝え、対応を促す

　抗議のメールは、送信する側も受信する側も良い気分にはなりません。このようなメールを送信しなければならないような事態をおこさないよう、日頃からお客様や取引先に対して誠実な対応を心がけたいものです。

　しかし、時には毅然とした態度で抗議しなければならない場合もあります。そのときは、**まず相手のミスかどうかを確認**します。その上で、明らかに相手に落ち度があり、改善を促したい場合は、次の点に注意をしてメールを書きます。

抗議メールの注意点

①理由をはっきりと書く
②ただちに誠意ある対応をとってもらえるよう促す

ポイント2　くれぐれも感情的にならないように

　いかに納得のいかないことをされたとしても、**感情的になるのはご法度**です。ビジネスメールはあくまでも会社を代表して送信する文書です。メールは文字として残るものですので、抗議文であったとしても、そこに**マナーある一文を添える**ことが、会社の品格につながります。

　なお、先方に確認・回答を求めるときは「本件につき、○月○日までに返答してください」とその期限を明記しておくと良いでしょう。

例文34 サービス内容への抗議

件名：【質問】記念品のオプションサービスについて

いつもお世話になっております。

先日は、弊社創立100周年記念式典用の記念品を納入くださり、誠にありがとうございました。

> 抗議の場合も、してもらったことへの御礼は忘れずに

さて、その際の請求内容について質問がございます。

100個以上購入の場合、名入れサービスは
無料のオプションとの説明を受けておりました。

しかしながら、請求書を拝見いたしますと、
1個あたりXXX円の手数料がかかっております。

当初名入れは考えておりませんでしたが、
ご担当の◯◯様より無料オプションとのご説明を受け、
サービスをお願いした経緯がございます。

つきましては、請求金額についてご確認くださいますよう、
お願い申し上げます。

> 感情的にならず事実を伝えましょう

宜しくお願い申し上げます。

例文35 納品遅れへの抗議

件名：商品の納入遅延について

いつもお世話になっております。

このたび、商品の納入が契約書記載の期日より
1週間遅れたことにつきまして、
御社より理由書を提出いただきました。

> ミスの再発防止のため、顛末を書面で提出してもらうこともあります

ご事情は理解いたしましたが、
納品遅延は弊社のお客様にも多大なご迷惑をかけ、
弊社の信用問題にまで発展する事態となっております。

今後はこのようなことがないよう、
万全な対策を講じていただきたくお願いする次第です。

なお、再び同様の事態が発生した場合には、
お取引の停止を検討させていただくこともあろうかと存じます。
その点、ご容赦いただければ幸いです。

今後とも宜しくお願い申し上げます。

> 事情を汲み取りながらも毅然とした態度で伝えましょう

例文36 担当者の働きぶりへの抗議

件名：担当者交代のお願い

平素よりお世話になっております。

さて、本日は弊社を担当くださっている御社の▲▲様につき、
他の方と交代していただきたく、
ご連絡差し上げる次第でございます。

誠に恐縮ながら、▲▲様は弊社の要望について
理解されていないようにお見受けいたします。

いくつか企画案をご提出いただきましたが、
正直に申し上げて、当方がイメージするものとは
大きく隔たりがございます。

> 理由を明確に示します

勝手を申し上げて恐縮ではございますが、
別の方にご担当いただくことは可能かどうか
ご検討いただけませんでしょうか。

> 抗議の際もクッション言葉は忘れずに！

なにとぞ宜しくお願い申し上げます。

取り急ぎ、メールにて失礼いたします。

お見舞い

ポイント1　事態を知ったらただちに送る

　お見舞いのメールは、**その事態を知ったら、ただちに送信**をします。

　ビジネス文書の見舞い状では、「拝啓 - 敬具」などの頭語、結語や時候の挨拶は不要で、「とにもかくにも、急いで見舞の一報をしていること」を伝えます。これらはビジネスメールにおいても同様とされます。

　そのため、本文の書き出しは、**いつもの挨拶文は省略**し、突然の入院や、天災に対し、驚きの気持ちを伝えましょう。

ポイント2　相手の気持ちが前向きになるように

　続くメールの内容は、相手の気持ちが前向きになるよう、配慮します。**長々とは書かずに、相手の心身を気遣う言葉を添える**ことも大切です。

　また、通常のやり取りの中で、大事に至らないような病気（たとえば風邪など）についても、ひと言触れられると相手への気遣い、配慮が伝えられるでしょう。

ポイント3　「返信不要」の気遣いも欲しい

　お見舞いをメールで送る際は、「返信不要」であるひと言を添えることで、相手の負担を軽減させる配慮も大切です。また、お見舞の品を贈るときは、事前にメールにてその旨を伝えておけると良いでしょう。

例文37 病気のお見舞い

件名：御見舞

ご自宅でご療養中と伺い、大変驚いております。　← 挨拶文は省略します

その後のお加減はいかがでいらっしゃいますでしょうか。
心よりお見舞い申し上げます。

どうぞしばらくは体をゆっくりお休めになり、
一日も早いご回復を心よりお祈り申し上げます。

心ばかりのお見舞いの品をお送りいたしました。
どうぞお納めくださいませ。
※1

なお、返信のお気遣いをなさいませんように、　← 返信不要のひと言で締めましょう
お願い申し上げます。

メールにて恐縮ですが、
取り急ぎ、お見舞い申し上げます。

※1
お見舞い品をお送りする場合は、メールではなくお見舞いのお手紙をお送りするのも良いでしょう。「相手に負担にならない」範囲で、お見舞いの気持ちを伝えられるように工夫します。鉢植えやパジャマなど、お見舞い品として贈ってはいけないものがあります。贈り物をするときは十分に注意しましょう。

例文38 天災のお見舞い

件名：台風被害の御見舞

報道にて御地の台風被害が甚大だと知り、
大変驚いております。

「相手がいる土地」の意味

報道によると、御地 付近では洪水等はないと拝見しましたが、
被害も少なくないようで、
弊社社員一同心配いたしております。

○○様、ならびに従業員の皆様方が
ご無事であることを心より祈念いたしております。

何かお困りのことがございましたら、
ご遠慮なくお申し付けください。
できる限りのことをさせていただければと思っております。

援助が必要な場合を配慮し、こちらから申し出ましょう

取り急ぎ、メールにて恐縮でございますが、
お見舞い申し上げます。

冠婚葬祭メールのポイント

ポイント1　情報を知ったらすぐに送る

　メールでのコミュニケーションが広まった現在、弔事、慶事などの冠婚葬祭関係をメールで送信する機会も増えてきました。

　冠婚葬祭の「冠」は元服や成人式といった子どもの成長に伴う諸儀礼、「婚」は婚礼、「葬」は葬儀、「祭」は先祖供養、祖先の祭礼のことです。

　ビジネスメールにおいて、「冠」「祭」の部分にまで及ぶ連絡をすることは少ないかもしれませんが、**その情報を知ったら、それらの儀式が行なわれる前に連絡をする**ことがポイントです。

ポイント2　事後に知った場合はひと言配慮を

　万が一、儀式が終わったあとに、その事実を知った場合は、**「存じなかったとはいえ、お祝いが遅くなり大変失礼をいたしました」**とひと言添えることで、あなたの気持ちが伝わることでしょう。なお、訃報を受けての連絡時は、冒頭における挨拶文は不要です。

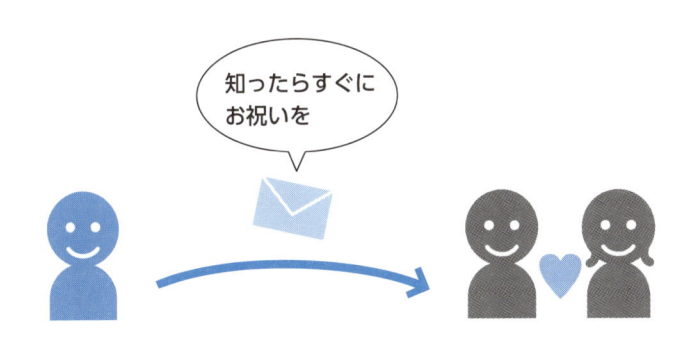

知ったらすぐに
お祝いを

例文39 結婚のお祝い

件名: 祝＿ご結婚

いつも大変お世話になっております。

この度はご結婚おめでとうございます。

昨日、弊社の◎◎より、△△様が先月ご結婚されたと聞き、
お祝いのメールを送らせていただきます。
存じなかったとはいえ、
お祝いが遅くなり大変失礼をいたしました。

> 結婚式後のお祝いにはこのひと言を

ささやかではございますが、
別便にてお祝いの品をお贈りいたしましたので、
お納めいただければ幸いです。

おふたりの新生活の門出を、
心よりご祝福申し上げます。

本来でしたら直接お祝いを申し上げたいところですが、
取り急ぎ、メールにて失礼をいたします。

例文40 お悔やみを人づてに聞いたとき

件名：マナコミ商事の○○です　※1

このたびは○○様のお身内にご不幸があったと伺い、
突然の訃報に大変驚いております。
心よりお悔やみ申し上げます。

> 挨拶は省略し、まずお見舞いのひと言を伝えます

病気療養中とは存ぜず、
お見舞いにも伺わずにおりましたこと、
なにとぞご容赦ください。
ご令室様 のご冥福を心よりお祈り申し上げます。
　※2
心身ともにおつらい時期かと存じますが、
くれぐれもご無理なさいませんように。

略儀ながら、メールにてお悔やみを申し上げます。

※1
弔事に関するメールの件名は、「お悔やみ」などの言葉を用いない配慮が必要です。

※2
言い換え表現
お母様　→　ご母堂様
お父様　→　ご尊父様

社内メールのポイント

ポイント1　相手を労う言葉、挨拶を忘れずに！

　社内メールは、必要最低限の情報を明記すれば良いという風潮があります。しかし、そこにひと言でも、相手を労う言葉や挨拶があるだけで、モチベーションアップや社内の人間関係を円滑にするのに役立つこともあります。

ポイント2　デキる人は社内メールにも手を抜かない

　日ごろから身内（社内）に対して気遣い、配慮の気持ちを込めたメールを書いていると、社外に対するメールも自然と心に響くものになっていきます。

　より多くの言葉を入力することは、面倒なことかもしれません。しかし、それを面倒と思わず、相手に不快な思いをさせない配慮からなる行動は、周囲からも評価され、仕事がデキる「人財」へと成長するきっかけになります。

　社内メールでは過剰な敬語は不要ですが、デキる人の心を込めたメールには**冒頭での挨拶は必須**でしょう。

ポイント3　効率的に読めるよう、レイアウトに配慮

　なお、社内メールでは、**相手が読みやすいようなレイアウト**になるよう、箇条書きにするなどの配慮が大切です。しかし、重要な点を強調するために、一行にわたって装飾文字でラインを長くひく必要はありません。ラインなどの装飾は、日時や場所、変更点など、特に重要なポイントのみにとどめるべきでしょう。

例文41　会議実施のお知らせ

件名：○月×日販売戦略会議のお知らせ

各位

お疲れさまです。
◆◆部の▲▲です。

「販売戦略会議」の件、以下の要領にて行いますので、
ご出席くださいますようお願いいたします。

■日時：○月×日（△）　13:00 ～ 15:00
■場所：本社6階第3会議室
■議題：「20XX年度新規商品開発について」

※添付資料をご精読の上、ご持参ください。

都合により参加できない方は、
前日の○月○日(×)18時までに◆◆部▲▲へ ご連絡ください。
※1
宜しくお願いいたします。

> 社内メールでも冒頭の挨拶は忘れずに

> 連絡の期日、連絡先をわかりやすく明記しましょう

※1
出席するのが一般的（やむを得ない事情があるときのみ欠席）というシチュエーションでは、このように「出席できない人」に申し出てもらうと効率的です。

例文42 議事録

件名:「20xx 年度第◇回営業会議」議事録

関係者 各位

> 「各位」が敬称なので、「各位様」や「各位殿」としないようにしましょう

お疲れさまです。

「20xx 年度第◇回営業会議」の件、
下記の通りご報告いたします。

■日　時：○月×日（△）午後2時～4時
■場　所：本社A会議室
■出席者：安藤、上田、加藤、木下、矢部（敬称略）
■テーマ：「上期の収支報告および下期予算計画について」
■決定事項：

> 決定事項は簡潔にわかりやすく

1. 上期について売上は順調だが、営業経費が見込みよりかかっている。
　下期は資材価格の高騰も予想され、下期に向けて予算計画の見直しが必要。
2. 次々年度新規に5店舗が営業を開始。
　そのための準備金積み増しを検討、年内に結論を出すこととする。

以上、宜しくお願いいたします。

例文43　研修参加の報告

件名：◆◆研修会参加のご報告

○○部長

○○部長、お疲れさまです。 ― 挨拶に加えて、呼びかけも使いこなせると◎

○月○日（△）の◆◆研修会に参加いたしましたので、
下記の通りご報告いたします。

― 報告内容は簡潔にわかりやすく

1．日時：○月○日（△）10:00 ～ 15:00
2．場所：本社第2会議室
3．テーマ：「増税と消費者心理」
4．講師：××研究所吉田氏
5．感想：景気の動向が不透明なまま増税が行われた場合の
　　　　消費者心理について、新たな見解も交えながら
　　　　非常にわかりやすく説明していただきました。

以上です。

宜しくお願い申し上げます。

例文44 業務依頼

件名:【〇月×日〆切】パワーポイント資料作成のお願い

> 件名に〆切を明示できると親切

〇〇さん、お疲れさまです。

早速ですが、来週の企画会議に向けて
プレゼン資料を作成中です。

> 「クッション言葉＋疑問形」で一方的な命令にならないよう配慮

〇〇さんもお忙しい中、申し訳ありませんが、
パワーポイントでの制作部分をお願いできますか。

下記に概要をまとめたので、ご確認をお願いします。
その他、ご不明な点がありましたら、
私、××までご連絡ください。

宜しくお願いいたします。

■内容：次年度商品の企画会議向けプレゼン資料
■枚数：A4用紙15～20枚程度
■材料：新規商品説明資料
　　　　部内企画案
　　　　消費者動向調査結果資料等
■形式：パワーポイント
■期限：〇月×日午前中まで

例文45 部下・後輩への指示

件名：【至急】明日の企画会議日時変更の件

> 指示を出す場合は、緊急度・優先度を具体的に示すようにしましょう

○○さん、お疲れさまです、
明日の企画会議の件です。

取引先の都合で、先方との打ち合わせが、
明日の午後となりました。

15時から予定していた開発部の企画会議は、
日時を変更します。

関係部署の担当者に会議の日時変更の連絡を入れ、
あわせてスケジュール調整をしてください。

> 指示内容に加え、背景・理由も伝えます

なお、各担当者宛のメールは、
私にもCCをお願いします。

宜しくお願いします。
※1

※1
一方的な物言いにならないよう、最低限「宜しくお願いします」のひと言は添えましょう。

英文メールのポイント

ポイント1　不慣れな人ほどストレート、シンプルに

　日本語と英語では、ニュアンスや受け取り方は違うものです。そのため、英文メールを書くときは、**日本語の直訳をしない**というのはすでに説明した内容です（99ページ参照）。

　日本語は、相手を思いやる気持ちから、ストレートな表現を避ける傾向にありますが、英語では、あいまいな書き方をすると意図が伝わらないこともあります。**英語に不慣れな人ほど、ストレート、シンプルに書く**ことを心がけましょう。

ポイント2　5つのフォーマットに従って書く

　英文のビジネスメールを書くときは、**そのフォーマットに従って、シンプルに用件を記載**します。具体的には、Subject（件名）、Opening（起句）、Body（本文）、Closing（結句）、Signature（署名）の5つです。

　それぞれの詳細は、101ページを参照しましょう。

ポイント3　スペルミスに要注意！

　英文メールで注意したいのはスペルミスです。スペルの間違いがないように、書き終えたら、必ずスペルチェックを行ないましょう。

　なお、メールソフトによっては「スペルチェック機能」が内蔵されていることもあるようです。このような機能も活用します。

例文46 見積りの依頼

件名: **Request for quotation**

> 件名はひと目でわかる内容にします

Dear Sir,

> 相手の名前がわからないときに使います。相手が女性の場合は Madam となります。

We are a design studio and mainly handle poster advertising. We are looking to replace our current printers and are interested in your printer model ZZ11.

We are considering ordering 10 units, and would be grateful if you would quote your best price.

I look forward to hearing from you.

Yours faithfully,
（この後に署名を続けます）

> 期限があれば、その旨を追記します。
> 例：I need to have it by December 5, if possible.（12月5日までにいただければ幸いです。）

> あまり親しくない人に使う結句です

日本語訳

件名：見積り依頼
本文：ご担当者様

私たちは主にポスター広告を扱うデザインスタジオです。現在使用しているものと交換するプリンタを探していたところ、御社の「ZZ11」に興味を持ちました。
10台の購入を考えておりますが、価格のお見積もりをお願いできませんでしょうか。ご連絡お待ちしております。

例文47 納期のお知らせ

件名: Expected delivery schedule

Dear Ms. YYYY,

Thank you for shopping with us.
We confirm receipt of payment.
Your order no. 12345 will be dispatched on April 5.
Please allow 7 to 10 days for your order to arrive.
If you have any questions, please do not hesitate to contact us.

We look forward to serving you again.

> 注文のお礼を伝えたら、すぐに用件を書きます

> 日付に誤りがないよう注意！

> 「またのご利用をお待ちしています」で結びます

日本語訳

件名：発送スケジュールのお知らせ
本文：YYYY 様

お買い求めありがとうございます。
お支払いを確認いたしました。
注文番号 12345 は 4 月 5 日に発送予定です。
到着まで 7 〜 10 日かかりますのでご了承ください。
ご質問がありましたら、ご遠慮なさらずご連絡ください。
またのご利用をお待ちしております。

例文48 出張時のお礼

件名：Thank you for your help

Dear Mr. XXXX,

I'm just sending you a quick message to say how much I really appreciated your help and hospitality during my stay in London. Also, thank you for winning referrals to new clients. You certainly made my stay a most fruitful one, and I also enjoyed the wonderful dinner.

Thank you again for your kind assistance.

Best regards,

一般的な結句。知っている人にはこの表現を使うと良いでしょう

感謝の理由に応じて言い換えます。
例：Thank you so much for inviting me to your home for dinner.（ご自宅での夕食会にお招きくださりありがとうございました。）

日本語訳

件名：ご協力ありがとうございました
本文：XXXX 様

ロンドン滞在中のご協力とおもてなしに、言い表せないほど感謝しています。また、新しいクライアントを紹介くださり、ありがとうございました。おかげさまで実り多い滞在となりましたし、素敵な夕食を楽しめました。
ご支援に対し、重ねてお礼申し上げます。

例文49 レストランの予約

件名: Reservation

To XYZ dining,

I would like to reserve one of your private dining rooms for our "Job Well Done" party.

> 予約の目的を明確に伝えます

The details are as follows:
Date: Friday 16th November
Time: 6:30–8:30 pm
Number of persons: 20
Menu: Set menu A including drinks

> 日時や人数を正確に伝えます

> 注文したい料理やドリンクが決まっていれば予約時に伺うと良いでしょう

I would be grateful if could you let me know if a room is available and send me an email confirmation of my reservation.

I look forward to hearing from you.

日本語訳

件名:予約
本文:XYZ ダイニング

慰労パーティーのためプライベートダイニングルームを予約したいと思っています。詳細は次のとおりです。
日程:11月16日(金)、時間:午後6時30分〜8時30分、人数:20人、メニュー:飲み物を含むAセット
空きがあるようなら予約したいので、メールでご連絡ください。
ご連絡お待ちしています。

例文50 (社内メール) 会議開催の連絡

件名: Announcement of a meeting

To All Persons Concerned,

The project meeting will be held **at one o'clock** tomorrow afternoon.
Please gather **in conference room 3** and **bring the handout from yesterday.**

[日時を明記します]
[場所を明記]
[持参物を明記]

Please confirm by return if you are able to attend.

If you have any questions, please let me know.

Thank you in advance.

[出欠の確認をします。言い換え例: If you can't attend, please let me know as soon as possible. (参加できないときは、なるべく早くお知らせください。)]

日本語訳

件名:会議のお知らせ
本文:関係各位

プロジェクト会議は明日午後1時に開催されます。
昨日配布した資料をお持ちのうえ、会議室3にお集まりください。
出席できる場合は、ご返信ください。
ご質問あればご連絡ください。
よろしくお願いします。

第2部

今すぐ使える
ビジネスメール資料集

第5章

ビジネスメール
必須用語・
フレーズ集

知っておきたいビジネス用語

語句（よみかた）	意味【類似語】
愛顧（あいこ）	目をかけてひいきにすること【引き立て】
遺憾（いかん）	思っているようにならず残念であること
異動（いどう）	地位や勤務地、職務などが変わること
遺徳（いとく）	後世に残る故人の人徳
引見（いんけん）	地位の高い人が目下の者を呼び寄せて対面すること
栄転（えいてん）	今までよりも高い地位や役職に転任すること
永年（えいねん）	長い年月【長年】
御社（おんしゃ）	「相手の会社」を表す尊敬語【貴社】
各位（かくい）	2人以上を対象に、それぞれの人に敬意を表する語【皆様方】
賀詞（がし）	祝賀行事のときに述べるお祝いの言葉【祝詞】
過般（かはん）	この間。先ごろ【先日／先般】
可否（かひ）	賛成・反対。よいかよくないか【賛否／当否／是非】
過分（かぶん）	分に過ぎた扱いを受けること。謙遜して感謝を述べる言葉
寛容（かんよう）	心が広く、他人の言動をよく受け入れること
貴殿（きでん）	「あなた」を表す尊敬語【貴台／高台】
急逝（きゅうせい）	急に亡くなること【急死】
胸襟（きょうきん）	胸の内。心の中
教示（きょうじ）	どうすればよいかを教え示すこと
苦慮（くりょ）	苦心して考えあぐねること。思い悩むこと

語句（よみかた）	意味【類似語】
恵贈（けいぞう）	「目上の人から物を贈(送)られること」の尊敬語で、感謝の気持ちを表す　【恵与　※直接渡されること】
検収（けんしゅう）	納品されたものが注文どおりかを点検して受け取ること
健勝（けんしょう）	健康にすぐれ、元気なこと
高察（こうさつ）	「推察」を表す尊敬語　【賢察】
高承（こうしょう）	「承諾」を表す尊敬語
厚情（こうじょう）	深い思いやりの心。情が厚いこと　【厚意／厚志】
幸甚（こうじん）	大変ありがたいと思うこと。何よりの幸せと感じること
高配（こうはい）	「相手の配慮」を表す尊敬語
高覧（こうらん）	「相手が見ること」を表す尊敬語
沽券（こけん）	人前で保ちたい品位やプライドのこと
懇願（こんがん）	真心を込めてお願いすること
催告（さいこく）	相手に対して一定の行為をするように催促すること
査収（さしゅう）	金品や書類など、よく調べてから受け取ること
些少（さしょう）	わずか。少し　【僅少】
参画（さんかく）	事業や政策などの計画に参加すること
自愛（じあい）	自分自身を大切にすること。自分の体を気遣うこと
時下（じか）	このごろ。この節。目下（もっか）
謝意（しゃい）	感謝、あるいは謝罪の気持ち
社葬（しゃそう）	会社が施主となって営む葬儀
重責（じゅうせき）	重い責任
周知徹底（しゅうちてってい）	広く知らせて、情報を共有すること

語句（よみかた）	意味【類似語】
精進（しょうじん）	ひとつのことだけに打ち込み、努力すること
笑納（しょうのう）	贈り物をするときに「笑って納めてください」とへりくだって言う言葉
承服（しょうふく）	相手の言うことを承知し、それに従うこと
処遇（しょぐう）	ある立場から他人を評価し、相応の扱いをすること
所存（しょぞん）	心に思っていること。そのつもりだという考え
書面（しょめん）	文書、手紙
深謝（しんしゃ）	深く感謝、あるいはお詫びすること
親展（しんてん）	名宛人自身が手紙を開封することを求める言葉
逝去（せいきょ）	「他人の死」を表す尊敬語
積年（せきねん）	長い年月 【多年】
拙宅（せったく）	「自分の家」を表す謙譲語
拙文（せつぶん）	「自分の書いた文章」を表す謙譲語
僭越（せんえつ）	自分の地位や権限などを越えて、出過ぎたことをすること
足労（そくろう）	足を運ばせること
粗品（そしな・そひん）	「他人に贈る品物」を表す謙譲語
尊名（そんめい）	「あなたの名前」を表す尊敬語
大過（たいか）	大きな失敗
多事（たじ）	仕事が多く、忙しいこと。事件が多く、世の中が騒がしいこと
多用（たよう）	用事が多く、忙しいこと。【多忙】
転任（てんにん）	他の任地や職務に変わること
取り計らい	物事をうまく処理すること。配慮
なおざり	いい加減。軽く見ておろそかにすること
捺印（なついん）	印を押すこと。押印

語句（よみかた）	意味【類似語】
拝察（はいさつ）	「推測する」を表す謙譲語
拝受（はいじゅ）	「受け取る」を表す謙譲語
拝聴（はいちょう）	「聞く」を表す謙譲語
拝承（はいしょう）	「承知する」を表す謙譲語
拝読（はいどく）	「読む」を表す謙譲語
繁栄（はんえい）	国や家などが栄えて発展すること
万障（ばんしょう）	さまざまな支障のこと
ひとえに	ひたすら。もっぱら
ひとかたならぬ	普通の程度とは違っていること。大変に
訃報（ふほう）	人が亡くなった知らせ 【悲報／訃音】
弊社（へいしゃ）	「当社」を表す謙譲語 【小社】
平素（へいそ）	常日ごろ。ふだん
鞭撻（べんたつ）	強く励ますこと
芳情（ほうじょう）	「親切な心」を表す尊敬語
末筆（まっぴつ）	手紙の最後に添える「最後に一言申し上げますが」という意味の文
猶予（ゆうよ）	実行の日時を延ばすこと
容赦（ようしゃ）	過ちや失敗などを許すこと 【勘弁】
用命（ようめい）	用事を言いつけること
略儀（りゃくぎ）	きちんとした手続きを省略したやり方 【略式】

今すぐ使えるフレーズ集

シチュエーション別・丁寧度別のフレーズ集です。次の丁寧度を参考に、今すぐ使ってみましょう。

丁寧度1…フランクな間柄
丁寧度2…通常のビジネスシーン
丁寧度3…特別な場合

書き出しの挨拶

丁寧度1
・いつも大変お世話になっております。
・ご無沙汰しております。
・寒さがいちだんと厳しく感じる季節となりました。
・その節はいろいろとお世話になりました。
・たびたび失礼いたします。
丁寧度2
・突然メールをお送りすることの無礼をお許しください。
・先ほどはお電話にて失礼いたしました。
・初めてメールを差し上げます。
・いつもお気遣いくださり、本当にありがとうございます。

丁寧度 3
・平素はひとかたならぬご愛顧を賜り、厚くお礼申し上げます。
・いつも弊社製品をご利用ください、厚くお礼申し上げます。
・突然メールを差し上げます無礼、何卒ご容赦くださいませ。
・平素は格別のご厚誼にあずかり、心よりお礼申し上げます。
・日ごろより格別のご高配を賜り、厚くお礼申し上げます。
・陽春の候、●●様におかれましては、ますますご清栄のこととお慶び申し上げます。

お礼

丁寧度 1
・ご連絡ください、ありがとうございます。
・先日は商品見本をお送りください、ありがとうございました。
・おかげさまで、創業 20 周年を迎えることができました。

丁寧度 2
・先日はわざわざご足労ください、誠にありがとうございました。
・弊社サービスにご契約ください、感謝申し上げます。
・迅速な対応に、心よりお礼申し上げます。

丁寧度 3
・ご理解とご協力に心からの尊敬と感謝の念を禁じえません。
・格別のご配慮を賜り、誠に恐縮至極に存じます。
・過分なお心遣いをいただき、恐縮でございます。

お祝い

丁寧度1
- ご栄転、本当におめでとうございます。
- まずはメールにてお祝いの言葉をお送り申し上げます。
- このたびはご結婚おめでとうございます。

丁寧度2
- 新社屋完成とのこと、心よりお祝い申し上げます。
- 栄えあるご受賞を祝し、謹んでお慶び申し上げます。

丁寧度3
- 当地の名品をお送りいたしましたので、ご笑納ください。
- 創立百周年の記念式典が開催されますことは、誠にご同慶の至りに存じます。
- つつがなく定年の日を迎えられましたことを心よりお慶び申し上げます。

お詫び

丁寧度1
- 何度もご連絡いただき、ご面倒をおかけいたしました。
- 今回の失敗は、ひとえに私の知識のなさと力不足によるものです。

丁寧度2
- フロントの対応に不手際があり、大変ご迷惑をおかけいたしました。
- ご要望に沿えず、誠に申し訳ございません。
- 残念ながらお受けすることができかねます。
- この度の件について厳粛に受け止め、陳謝いたします。

丁寧度3
- 多大なるご迷惑をおかけいたしましたことを、謹んでお詫び申し上げます。

・長期休業により皆様には大変ご迷惑をおかけいたしますが、何卒ご容赦くださいますようお願い申し上げます。
・お客様のお怒りはごもっとものことでございまして、弁解の余地もございません。

お見舞い

丁寧度1
・突然のことでしたので、ただただ驚くばかりです。
・報道にて今回の台風被害の様子を知り、大変驚いております。
丁寧度2
・その後のご様子はいかがかと案じ申し上げております。
・一日も早いご回復を心よりお祈り申し上げます。
・ご家族の皆様のご心境を思いますと、お慰めの言葉もございません。
丁寧度3
・何かとご困窮のことと拝察いたします。
・思いもかけないご災難に、さぞご傷心のこととお察し申し上げます。

お知らせ・ご案内

丁寧度1
・私事で恐縮ですが、このたび縁あって結婚することになりました。
・このたび当社は、○月×日をもって下記に移転いたしました。
丁寧度2
・お礼かたがたご案内まで。
・このたび●●支社勤務を命じられ、このほど着任いたしました。
・私同様よろしくお引き回しのほど、お願い申し上げます。
丁寧度3
・ぜひご出席くださいますようご案内申し上げます。

お願い

丁寧度1
・打ち合わせにつきまして、ご都合のよい日時をお知らせください。
・迅速な対応をお願いします。 |*
丁寧度2
・ご多用のところ恐縮ですが、折り返しご連絡いただければ幸いです。
丁寧度3
・万障お繰り合わせの上、ご出席くださいますようお願い申し上げます。
・何卒事情をご賢察の上、ご理解くださいますようお願いいたします。

問い合わせ

丁寧度1
・再度ご確認いただけますか。
・支払い方法を教えていただけませんでしょうか。
丁寧度2
・下記商品について、在庫はございますでしょうか。
・詳細が決まりましたら、折り返しご連絡をいただきたくお願い申し上げます。
丁寧度3
・来月発売の貴社商品につきまして、ご教示いただきたく存じます。

承諾・お断り

丁寧度1
・少しでもお役に立てれば幸いです。

	・せっかくのお申し出ですが、今のところ必要ありません。
丁寧度 2	
	・スケジュール変更の件、承知いたしました。
	・ご要望には添いかねますので、あしからずご了承ください。
丁寧度 3	
	・貴社とのお取引のお申し出を謹んでお受けしたく存じます。

抗議

丁寧度 1
・本日現在まだご入金いただいておりません。
丁寧度 2
・再三の催促にも応じていただけず、大変困惑いたしております。
・下記のいずれかに該当した場合は何らかの処置をとらざるを得ませんので、念のため申し添えておきます。
・未だご回答いただけず、甚だ遺憾に存じております。
・一方的なキャンセルのお申し出には承服いたしかねます。
丁寧度 3
・今後につきましては、しかるべき対応をとって参る所存です。

クッション言葉

丁寧度 1
・お手数ですが、至急ご返信ください。
丁寧度 2
・勝手を申し上げますが、明日午前の打ち合わせを午後に変更していただけますか。
・お言葉を返すようですが、そのお考えには同意しかねます。

	・差し支えなければ、ご自宅のお電話番号をおうかがいできますでしょうか。
丁寧度3	
	・誠に僭越ではございますが、●●の役謹んでお受けいたします。

結び

丁寧度1
・今後とも宜しくお願いいたします。
・時節柄くれぐれもご自愛ください。
・なお、ご返信は不要です。
・まずは用件のみにて失礼いたします。
丁寧度2
・ご検討のほど宜しくお願い申し上げます。
・ご不明な点がございましたら、ご遠慮なくお問い合わせください。
・末筆ながら、貴社のますますのご繁栄を衷心よりお祈り申し上げます。
・詳細につきましては、あらためてご連絡いたします。
・失礼かと存じましたが、取り急ぎメールにてご連絡申し上げます。
丁寧度3
・今後ともなお一層のお引き立てを賜りますよう宜しくお願い申し上げます。
・何卒事情をご賢察の上、この度はご容赦のほど切にお願い申し上げます。
・今後ともご指導ご鞭撻を賜りますよう宜しくお願い申し上げます。

巻末資料 敬語早見表

●よく使う敬語表現

動詞	尊敬語	謙譲語	丁寧語
会う	会われる お会いになる	お会いする お目にかかる	会います
与える	くださる 賜る	差し上げる	与えます あげます
言う	言われる おっしゃる	申し上げる 申す	言います
行く	行かれる いらっしゃる お越しになる お出かけになる	伺う 参上する 参る	行きます
いる	いらっしゃる	おる	います
受け取る	お受け取りになる	いただく 賜る 頂戴する 拝受する	受け取ります
思う	お思いになる 思われる	存じ上げる 存じる	思います
考える	お考えになる	考えさせていただく	考えます
聞く	お聞きになる 聞かれる	伺う 承る お聞きする お尋ねする 拝聴する	聞きます
来る	いらっしゃる おいでになる お越しになる お見えになる	伺う 参上する 参る	来ます
知っている	ご存じ 知っていらっしゃる	（人を）存じ上げる （物や場所を）存じる	知っています
する	なさる	いたす させていただく	します
食べる	お召し上がりになる 召し上がる	いただく ご馳走になる	食べます
見る	ご覧になる ご高覧になる	拝見する	見ます
読む	お読みになる 読まれる	お読みする 拝読する 読ませていただく	読みます

もの	尊称（相手側）	謙称（自分側）
会社・団体	貴社／御社／貴店／貴行／貴会／貴省／貴庁	当社／弊社／小社／当店／当行／当会／当省／当庁
品物	ご厚志／ご高配／お心づくし／佳品／銘酒	寸志／粗品／心ばかりの品／粗酒
意見	ご意見／ご高説／ご意向	私見／愚見／私案
文書	貴信／ご書面	弊信／書中
訪問	ご来訪／ご来店／お立ち寄り	伺い／お訪ね／参上

人	尊称（相手側）	謙称（自分側）
本人	○○様／貴殿／貴兄／貴社長	私／小生／当方／弊社社長
父	お父様／お父上／ご尊父様	父／父親／老父
母	お母様／お母上／ご母堂様	母／母親／老母
夫	ご主人様／ご夫君	夫／主人
妻	奥様／奥方様／令夫人	妻／家内／女房
息子	ご子息／ご令息	息子／せがれ
娘	ご息女／ご令嬢	娘
家族	ご家族の皆様／ご一同様	私ども／家族一同

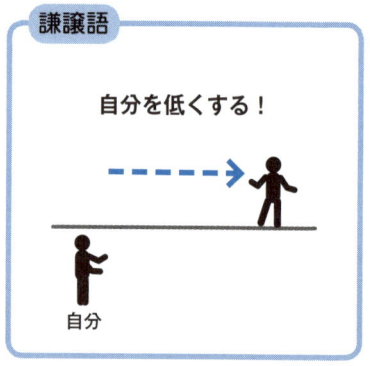

尊敬語

自分

相手を高くする！

謙譲語

自分を低くする！

自分

●よくある敬語ミス

	ポイント	使用法
① 「お」や「ご」 の使い分け	原則として 訓読みの和語→「お」をつける 音読みの漢語→「ご」をつける	名前→お名前／手紙→お手紙 氏名→ご氏名／入学→ご入学 ・公共の物や施設 ・外来語が日本語化した名詞 ・果物の名称 ・役職や職業 などにはつけない
② 身内敬語	×　相手側の動作に謙譲語 ×　自分側の動作に尊敬語 ○　尊敬語→相手側の動作を高める ○　謙譲語→自分側をへりくだる	×　弊社社長がそのようにおっしゃっておりました。 ○　弊社社長がそのように申しておりました。 ×　弊社にお越しいただきありがとうございました。 ○　弊社にお越しくださりありがとうございました。
③ 二重敬語	ひとつの言葉に敬語の役割を果たす言葉を2つ以上つけない	×　お客様がおっしゃられていました。 ○　お客様がおっしゃっていました。 ×　お早めに召し上がられてください。 ○　お早めに召し上がってください。
④ 物敬語	ものに対して尊敬語は使わない	×　お茶でいらっしゃいます。 ○　お茶でございます。
⑤ 他者謙譲語	謙譲語は自分、身内に対してお客様、取引先などの相手に対しては使わない	×　上司の●●でいらっしゃいます。 ○　上司の●●でございます。 ×　お見えになるのは■■様でございます。 ○　お見えになるのは■■様でいらっしゃいます。
⑥ 上から目線 言葉	目上の人が目下の人に向かって用いる言葉は使わない	×　お世話様です。 ○　お世話になっております。 ×　ご苦労様です。 ○　お疲れ様です。

●すぐに使える！言い換え表現例

よく使う言葉	言い換え表現例
いま	ただいま
さっき	さきほど、いましがた
前に	以前
もうすぐ	まもなく
だんだん	しだいに
おととい	一昨日（いっさくじつ）
きょう	本日（ほんじつ）
あした	明日（みょうにち）
あっち／こっち （そっち／どっち）	あちら／こちら（そちら／どちら）
間違い	手違い
ミス	不手際
出しゃばりな	差し出がましい
やっぱり	やはり
すごく	大変、非常に
そうすると	そういたしますと
ちなみに	ついでながら、ついでに申しますと
わかりました	かしこまりました、承知しました ×　了解しました
ちょっと待ってください	少々お待ちいただけますか
とんでもない	とんでもないことでございます (とんでもございません)
〜でかまいません	〜で問題ございません、〜で差し支えございません
〜といいます	〜と申します
〜になります	〜でございます
どうですか	いかがでしょうか
どうしますか	いかがいたしましょうか，いかがなさいますか
〜でいいですか	〜でよろしいでしょうか ×　〜よろしかったでしょうか
取りやめる	見合わせる

memo

著者紹介●

西出 ひろ子（にしで・ひろこ）

マナーコンサルタント・美道家。ヒロコマナーグループ 代表。ウイズ株式会社代表取締役会長。HIROKO ROSE株式会社代表取締役社長。一般社団法人マナー教育推進協会代表理事。大妻女子大学卒業。

国会議員などの秘書職を経てマナー講師として独立。31歳でマナーの本場・英国へ単身渡英。英国・オックスフォードにてビジネスパートナーと起業。

帰国後、名だたる企業のマナーコンサルティングやマナー研修などを行い、人財の育成と収益増など、結果を出すことに定評がある。「人材コンサルティング会社100選 2017」(日本人材ニュース社)でも紹介されている。その実績や成果は、テレビや雑誌などでもマナー界のカリスマとして多数紹介され、「マナーの賢人」として「ソロモン流」(テレビ東京)などのドキュメンタリー番組でも報道。NHK大河ドラマ「花燃ゆ」「龍馬伝」、映画「るろうに剣心 伝説の最期編」など、ドラマや映画、書籍などでのマナー指導・監修も行う。また、内面と外面を美しく変身させ、その人の人生を好転させると評判のヒロコマナーは、日本は元より中国などの海外でも人気を博し、上海でのセミナーは、3日間で1万人を動員し、開催する講座はすぐに満席となる。

著書に、28万部突破の『お仕事のマナーとコツ』(学研プラス)、『マンガでわかる! 社会人1年生のビジネスマナー』(ダイヤモンド社)、『超一流のビジネスマンがやっている すごいマナー』(ぱる出版)、『マナーコンサルタントがこっそり教える 実は恥ずかしい思い込みマナー』(PHP研究所)など多数。著者累計100万部以上。

ヒロコマナーグループ http://www.hirokomanner-group.com

仕事の基本
正しいビジネスメールの書き方

2013年2月10日　初版第1刷発行
2022年8月10日　　　第10刷発行

著　者 ── 西出ひろ子　©2013 Hiroko Nishide
発行者 ── 張　士洛
発行所 ── 日本能率協会マネジメントセンター

〒103-6009　東京都中央区日本橋2-7-1　東京日本橋タワー
TEL　03（6362）4339（編集）／03（6362）4558（販売）
FAX　03（3272）8128（編集）／03（3272）8127（販売）
https://www.jmam.co.jp/

装　丁 ─────── 冨澤崇（EBranch）
本文イラスト ─────── ムーブ
本文デザイン・DTP ── ムーブ（新田由起子）
印　刷　所 ─────── シナノ書籍印刷株式会社
製　本　所 ─────── ナショナル製本協同組合

本書の内容の一部または全部を無断で複写複製（コピー）することは、法律で認められた場合を除き、著作者および出版者の権利の侵害となりますので、あらかじめ小社あて許諾を求めてください。

ISBN 978-4-8207-1860-4　C2034
落丁・乱丁はおとりかえします。
PRINTED IN JAPAN

JMAMの既刊図書

図解　20代のうちに身につける
仕事の常識入門

日本能率協会マネジメントセンター（編）
四六判　240頁

「デキる社会人になるには、何を、どう考えていけばいいのか？」「楽しくイキイキと働くにはどうすればいいか？」などがわかる社会人基礎力として身につけたい常識＆マナーブックです。巻頭には、池上彰氏、吉越浩一郎氏の応援メッセージを掲載。

最強の目標達成仕事術
結果を出す人のPDCA100の法則

鹿野和彦（著）
四六判　224頁

在宅勤務や出社制限の中で計画的に目標達成するためにやるべきこと、習慣にすることを1項目見開き2ページで100項目を図解した、すぐに読めてすぐに役立つ実用書です。仕事スキルを磨くフレームワークも満載。

やるべきことの見える化で"すぐやる人"になる！
ダンドリ倍速仕事術100の法則

松井 順一、
佐久間 陽子（著）
四六判　224頁

タスク管理、整理・整頓、計画・時間管理、問題解決、働きやすい職場づくりなど、ダンドリよく効率的に仕事を速めるアイデア100を図解。

日本能率協会マネジメントセンター